BARCELONA
Der touristische Reiseführer

HERAUSGEBER: DISTRIMAPAS TELSTAR S.L.

©Fotos: Josep Lluís Roig Rodríguez
©Texte: Josep Lluís Roig - Marco Zincone

VERTRETER: DISTRIMAPAS TELSTAR S.L.
Passatge de Vilaret, 37 - 08013 BARCELONA - SPAIN
Tels. 934 556 873 - 933 474 020 / Fax: 933 481 479
e-mail: telstar@distrimapas.eu
www.distrimapas-telstar.es

ISBN: 978-84-96850-59-0
Abgabe von Pflichtexemplaren: B.27472-LII

D1639810

Verzeich.....

1.Kapitel:

Barcelona des 21. Jahrhunderts

Barcelona ist eine alte Stadt, deren Wurzeln, wie wir es sehen werden, in die römische Zeit zurück gehen. In all den Jahrhunderten seiner Existenz war es zahlrechen und gründlichen Verwandlungen unterworfen, die der Stadt allmählich ihre heutige Erscheinung, die wir alle kennen, gegeben haben. Die Ausstellungen von 1888 und 1929 gaben Anlass zu beachtlichen architektonischen und strukturellen Änderungen. Die jungste dieser Verwandlungen, die in vielen Sinnen den Weg für eine neue und anhaltende Veränderung geöffnet hat, welche sich noch im Entwicklungsprozess befindet, begann am Ende 1986, als es ofiziell verkündet wurde, dass Barcelona die Olympischen Spiele von 1992 ausrichten würde (eine Nachricht, über die sich alle gefreut haben). In diesem Moment nutzten die Behörden die Gelegenheit, sich nicht nur auf die Spiele, sondern auch auf das 21. Jahrhundert vorzubereiten. Sie haben erkannt, dass die Stadt kompexe Bauarbeiten benötigte, deren schnelle Realisierung ohne solch einen klar vorgegebenen Zeitraum nicht möglich wäre. Die Verwandlung von Barcelona in eine total moderne Stadt auf dem Niveau der größten europäischen Metropolen fand auch nicht zuletzt dank der gemeinsamen Hoffnung und der geduldigen Beteiligung der Bürger statt, die viele Monate der Unbequemlichkeiten in der Erwartung der zukünftigen Ergebnisse ertragen mussten.

In wenigen Jahren fand in Barcelona die Errichtung einiger sehr modernen Sporteinrichtungen statt. Viele von denen sind in Anella Olímpica, auf dem Hügel von Montjuïc konzentriert: el *Palau Sant Jordi*, vom japanischen Architekten Arata Isozaki; das *Olympiastadion Estadi Olímpic*, das 1989 eingeweiht wurde, ist das Produkt einer kompletten Umgestaltung des existierenden Stadions, das 1929 gebaut

Palau Sant Jordi von Olympiastadion aus. Detail der Aurigas, von Pau Gargallo

Inneres von Palau Sant Jordi

wurde, in der Hoffnung, die Olympischen Spiele von 1936 aus-zurichten, und von dem nur die Fassade erhalten blieb; die Schwimmbäder *Piscines Picornell*, die 1969 gebaut und dann kom-plett umgestaltet wurden und wel-che die Schwimm- und Wasseballwettkämpfe empfingen; das *Institut Nacional d'Educació Física*, ein Werk von Ricard Bofill und Meter Hodgkinson. In ande-ren Wohnvierteln findet man ebenso neugebaute Werke: z.B. die *Radrennbahn Velòdrom d'Horta*, von den Architekten Esteve Borrell und Francesc Rius, die 1984 eingeweiht wurde.

Doch was am meisten been-druckt, ist nicht nur die Errichtung dieser sportlichen Räume, sondern dass sich die ganze Stadt einer gründlichen Umgestaltung unter-warf. Dies bedeutete die Einführung eines neuen Stadtplanungskonzepts: Es wur-den neue Stadtviertel wie beis-pielsweise Vila Olímpica, gebaut, in dem die vor kurzem errichteten

Piscines Picornell

Nationales Institut für Sport

Radrennbahn

3

Olympischer Ring. Palau Sant Jordi. Esplanade und Nachrichtenturm von Santiago Calatrava

Port Olímpic

Wohnungen nur unter der Bedingung verkauft wurden, dass man sie vorübergehend als Unterkunft den Teilnehmerathleten zur Verfügung stellt. Das Gebiet des heutigen *Vila Olímpica* wurde vorher von alten Fabriken besetzt, viele von denen zur damaligen Zeit schon leer standen.

Eine der größten Herausforderungen war es, einen Zugang zum Meer für die Stadt zu öffnen, welche so viele Jahrhunderte lang mit dem Rücken zum Meer gelebt hatte. Dieses

Olympiastadion: Detail der Reiter, von Pau Gargallo

unermessliche Ziel erreicht man, in dem man eine ungefähr vier Kilometer lange Vorderseite mit verschiedenen Initiativen wieder aufbaute: die Einrichtung von **Port Olímpic**, der sieben Hektar Meer umfasst, der Aufschwung des Stadtviertels Barceloneta, das den Stadteinwohnern einen Zugang zu einer enorm langen Strandkette verschaffen hat, die Verlängerung von Av. Diagonal bis zum Mehr, die Errichtung einer Straße (el Passeig de Colom), die gleichzeitig ein wichtiger Anschlussweg und ein Ort für Spaziergänge und Erholung ist.

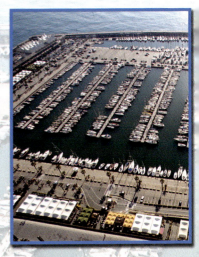

Port Olímpic

Unter dem Passeig de Colom läuft eine Straßenbahn von Ronda Litoral, eines der wichtigen Verkehrswege, die geholfen haben, das Verkehrsproblem in der Stadt zu lösen. Ein Beispiel für die neuen Struktruren, die große architektonische Bedeutung haben, ist die Brücke **Pont de Bac de Roda**, die vom Architekten Stantiago Calatrava gebaut wurde. Auch die heutige Struktur von **Port Vell**, mit einem enormen Fußgängerübergang, der **Rambla de Mar** genannt wird und zum **Einkaufszentrum Maremàgnum**

Pont de Bac de Roda

*Kolumbusmonument
und Ronda Litoral*

(mit Geschäften, Restaurants und
einem Multiplexkino), sowie zu
IMAX und zum *Aquarium* führt,
war eins der Projekte, die vor den
Olympischen Spielen entstanden
waren, welche aber aufgrund ihrer
enormen Komplexität auf einen
späteren Zeitpunkt verschoben
wurden. Das *World Trade Center*,
das sich vor diesen Gebäuden auf
dem Kai Moll de Barcelona erhebt,
ergänzt dieses letzte Konzept.
Im neuen "skyline" von Barcelona
stechen drei Hauptelemente hervor: Die Wolkenkratzer von *Port
Olímpic*, wenn man Richtung

Port Vell. Detail der Plaça Ítaca

*World Trade Center.
Torres Olímpicas*

7

Neue Strände

Cine IMAX

Rambla de Mar und Maremàgnum

Meer guckt, der Turm *Torre AGBAR* auf dem Platz *Plaça de les Glòries* und *Torre de Collserola*, wenn man Richtung Berge schaut. Einer der Wolkenkratzer, *Hotel Arts*, ist komplett in eine Metallstruktur eingepackt, der andere, *Torre Mapfre*, ist verglast. Die 144 Meter hohe Turm *Torre AGBAR* wurde von Jean Nouvel und die 268 Meter hohe *Torre de Telecomunicaciones de Collserola*, den die Reisenden heute neben Tibidabo sehen können, vom Architekten Norman Foster verwirklicht. Seine Errichtung hat es erlaubt, an einem einzigen Ort eine Unmenge von Sendeantennen für Radio und Fernsehen, sowie Radio- und Telefondienste zu vereinen, die viele Jahre lang über der Gebirgskette zerstreut waren.

Barcelona wurde mit vielen anderen Hotels ausgestattet, die es seidem erlauben, Tausende von Reisenden, welche die Stadt fort-

Aquàrium

während aus beruflichen und kulturellen Gründen, wegen sportlichen Ereignisse oder einfach aus touristischem Interesse besuchen, auf eine einfachere und bequemere Weise zu empfangen. Viele von denen haben sich mit den öffentlichen Verkehrsmitteln vertraut gemacht, genau wie es die Einwohner Barcelonas machen. Mit verschiedenen U-Bahn-Linien, Straßenstrecken und einem hervorragenden Busnetz, bietet Barcelona eine Möglichkeit, zu einem beliebigen Ort in wenigen Minuten zu gelangen und sich dabei Staus und Schwierigkeiten

Torre AGBAR
Plaça de les Glòries Catalanes

zu sparen. Auch der *Flughafen* erfuhr eine gründliche Restrukturierung, die vom Architekten Ricard Bofill entworfen wurde und eine beachtliche Erweiterung erlaubte.

Estació de Sants

Hafen von Barcelona

Die Klappbrücke Porta d'Europa

Turm von Collserola

Flughafenterminal

Um denjenigen, die mit der Bahn reisen, den Zugang zu erleichtern, wurde der Bahnhof *Estació de França* umgestaltet. Die alte *Estació del Nord*, die seit 1972 geschlossen blieb, wurde auch umgebaut, dabei wurde ein Flügel einem Busterminal zugewiesen und auf einem großen Gebiet ein Park und Sportanlagen geschaffen.

U-Bahn

Die Straßenbahn
Plaça Francesc Macià

Estació de França

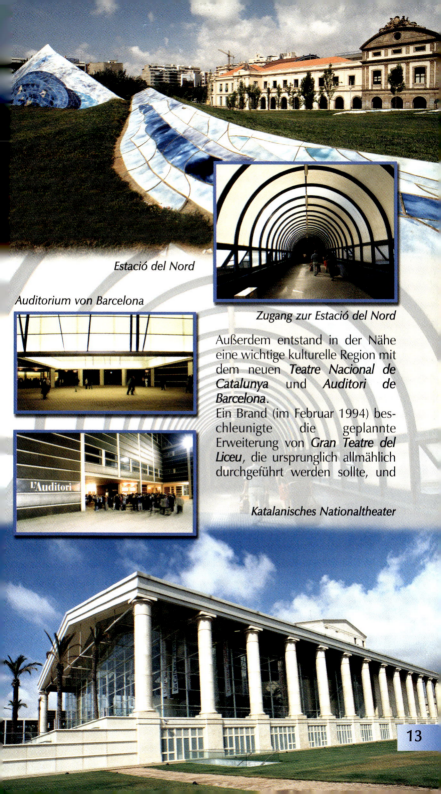

Estació del Nord

Auditorium von Barcelona

Zugang zur Estació del Nord

Außerdem entstand in der Nähe eine wichtige kulturelle Region mit dem neuen *Teatre Nacional de Catalunya* und *Auditori de Barcelona*.
Ein Brand (im Februar 1994) beschleunigte die geplannte Erweiterung von *Gran Teatre del Liceu*, die ursprunglich allmählich durchgeführt werden sollte, und

Katalanisches Nationaltheater

so begannen die Bauarbeiten an einem neuen Theater, das einen viel größeren Raum einnahm und die Fassade von 1845 behielt. Das neue Theater wurde am 7. Oktober 1999 eingeweiht.

In den Jahren nach 1992 entstanden auch andere Gebäude, die wichtige Regionen kulturellen Interesses bilden: Zu denen gehören das zeitgenössige Kunstmuseum *Museo d'Art Contemporani (MACBA)*, das mitten im Wohnviertel Raval und sehr nah am alten Wohltätigkeitshaus *Casa de la Caritat* liegt, welches zur Zeit restrukturiert wird und der Sitz des Kulturzentrums *Centre de Cultura Contemporània* ist. Der Nationalpalast *Palau Nacional*, der aufgrund der Ausstellung von 1929 entstand und das *Museu Nacional d'Art de Catalunya* beherbergt, wurde seinerseits gründlich nach dem Projekt des italienischen Architekten Gae Auleni umgebaut. Die Renovierung der Stadt vor der Herausforderung der

Inneres von Gran Teatre del Liceu

Gran Teatre del Liceu

*Die alte Casa de la Caritat
(Wohltätigkeitshaus)
Zentrum für
zeitgenössische Kunst*

*MACBA: Museum für
zeitgenössische Kunst*

*Palau Nacional.
MNAC, Nationales
Kunstmuseum von
Katalonien*

15

Parc de l'Espanya Industrial

Olympischen Spielen hatte einen wichtigen sozialen Aspekt: In jenen Jahren begann der Wiederaufbau der alten Wohnviertel, wofür man viele Häuserblöcke abreißen und neubauen, und die existierenden mit modernen Installationen ausstatten musste, was Wasser, Strom, Gas, Telefonanschlüsse anbetrifft... Die Umwandlung und Renovierung der benachteiligten Gebiete hat es erlaubt, vielen Einwohnern gesündere und angemessenere Lebensbedingungen anzubieten, sowie eins der sinnbildlichsten Wohnviertel, als *Casc Antic* bekannt, in dem sich neue Geschäfte und kulturelle Initiativen untergebracht haben, wieder zu beleben.

Camp Nou, Stadion
des F.C. Barcelona

Gebäude
l'Illa Diagonal

Gebäude
TRADE

17

Die Bemühungen, die Stadt zu modernisieren und dabei ihre Identität aufrechtzuerhalten, haben es erlaubt, zu einer harmonischen Synthese zu gelangen, welche die gemeinsame Existenz von Gebäuden modernen und alten Stils, und von einem aktiven Nachbarschaftsleben in solch einer modernen Metropole ermöglicht.

Im Jahre 2004 fand in Barcelona das Internationale Forum der Kulturen *Fórum Universal de las Culturas* statt, was eine große Verwandlung im Gebiet von Diagonal Mar bedeutete, welches an den Ort Sant Adrià del Besós grenzt. Dort beherbergte man dieses große Ereignis und baute, unter vielen anderen Werken, das Gebäude Fórum, ein großes Centro de Convenciones, den Puerto Deportivo de Sant Adrià del Besós und eine riesigere Placa Fotovoltaica.

Das Gebäude FORUM und die Placa Fotovoltaica

In den letzten Jahren hat sich Barcelona in einen bevorzugten Hafen für große Krezfahrtschiffe verwandelt.

Parc de la Ciutadella
Parlament de Catalunya

Parc de la Ciutadella
"el Mamut"

Parc de la Ciutadella
"el Desconsol"

2.Kapitel:
Barcelona im 19. und 20. Jahrhunter

Im 14., 15. und 16. Jahrhundert spielte Barcelona eine große Rolle im wirtschaftlichen und kulturellen Bereich des Mittelmeerraumes. Diese Situation änderte sich gegen Ende des 16. Jahrhunderts, und von da an bis zu Mitte des 19. Jahrhunderts, verlor die Stadt an Wichtigkeit. Außerdem befand sie sich seit 1714 unter einem Regime, dessen Symbol, die *Ciutadella*, im Jahre 1854 abgerissen wurde, zur gleichen Zeit wie die Mauern, die die Stadt seit dem Mittelalter eingeschlossen und

eine natürliche Ausweitung unmöglich gemacht hatten. Der Verlauf der Mauer entspricht den heutigen *Ronda de Sant Pau*, *Ronda Universitat*, *Ronda de Sant Pere* und *Passeig de Lluís Companys*, eine viel kleinere Fläche als die Einwohner benötigten. Außer daß sie eine kleine und übervölkerte Stadt war hatten viele Barceloneser ein armes Leben und waren jeder Art von Epidemie ausgesetzt. Zwischen Ende des 18. und den ersten Jahrzehnten des 19. Jahrhunderts ereigneten sich Volksaufstände und Kämpfe-die sehr oft blutig waren- die man als revolutionär bezeichnen könnte.
Als im Jahre 1854 die Zentralregierung endlich die Genehmigung zum Abriß der

Triumphbogen

würde. In diesem urbanistischen Entwurf, den damals viele als gößenwahnsinnig bezeichneten, hatte Cerdà eine rationelle Aufteilung von Einrichtungen geplant (einen Markt alle zwölf Blocks, ein Sozialzentrum alle vier, usw.), der aber nicht berücksichtigt wurde und der eine gerechtere und gleichmäßigere Aufteilung des Raumes erreichen wollte. Außerdem war geplant, Gebäude an nur zwei Seiten von jedem Block zu bauen, wobei der Rest Gärten sein sollten. An keinem Block wurde diese Idee in die Praxis umgesetzt, weshalb die Spekulation in den folgenden Jahrzehnten die utopische Stadt Cerdà in eine Metropole mit einer hohen Bevölkerungsdichte und einem nennenswerten Mangel an Grünzonen verwandelte. Trotzdem bleibt Barcelona, ab Mitte des 19. Jahrhunderts, eine der reizesten Städte Europas.

Mauern gab hatten die Urbanisten schon ihre Vorschläge für die neue Entwicklung. Der Plan von *Ildefons Cerdà*, ausgewählt im Jahre 1859 um die Urbanisation des *Eixample* durchzuführen, gründete sich auf einen quadratischen Plan, der alle Gegenden, die angrenzend an den Gemeinden *Sants*, *Cràcia*, *Les Corts*, *Sant Cervasi de Cassoles* und *Sant Martí de Provençals* waren, erneuern

Mit der Ausweitung der Stadt außerhalb der Mauern kam auch wieder der Aufschwung der Industrie. Die Textil- und

Parc de la Ciutadella

Metallindustrie ließen sich in der Peripherie nieder, und mit den ersten ökonomischen Erfolgen änderte sich das Image von Katalonien gegenüber dem Rest von Spanien. Parallel zur urbanistischen Entwicklung ereignete sich eine kulturelle Bewegung, die katalanische Renaixença: Eine Renaissance der Kunst und Literatur, die bald eine politische und wirtschaftliche Dimension bekam. Ihre Verbreitung, die zwischen 1833 und 1890 liegt, bedeutete für die Autoren, die daran teilnahmen, einen ersten Schritt zur Autonomie von Katalonien.

Der Höhepunkt dieser Wachstumsetappe war die Weltausteilung 1888: In ihr beteiligten sich ungefähr 6000 Aussteller aus mehr als zwanzig Nationen und in der -um auf gleicher Höhe der vorherigen Ausstellungen, die in London, Paris, Philadelphia und Wien stattfanden, zu sein- der spanische Staat beträchtliche Anstrengungen machte. Als Probe dieser Ausstellung finden wir das Zugangstor: Den *Arc de Triomf* des Architekten Josep Vilaseca, errichtet im mozarabischen Stil.

Im 19. und 20. Jahrhundert entstand und entwickelte sich in Barcelona eine Künstlerbewegung, die man, obwohl ähnlich der europäischen Stile Jugendstil, Art Nouveau und Liberty, als einmalig bezeichnen kann: den *Modernisme*. (siehe 8. Kapitel) Dieser nahm verschiedene Gestalten an, mit dem gemeinsamen Element eines ästhetischen

Zoologiemuseum

Enthusiasmus in allen kreativen Äußerungen, so daß, obwohl sein Einfluß alle Künste erreicht hat, die wichtigsten die dekorativen Künste waren. In Barcelona befand sich eine einmalige Konzentration an Architekten, Malern und

Stierkampfarena ,,Monumental"

  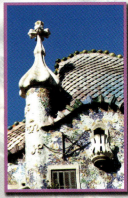

Bildhauern, dessen Beitrag ein Werk ohne Vergleich ermöglichte. Die Gebäude von Antoni Gaudí, Lluís Domènech i Montaner, Josep Puig i Cadafalch, unter anderen Architekten, füllten ihre Straßen und sind noch heutzutage wichtige Anziehungspunkte.

Der erste Rundgang auf der Suche der modernistischen Gebäude beginnt am *Passeig de Gràcia*: Hier, zwischen den Straßen *Consell de Cent* und *Aragó*, befindet sich die "***manzana de la discordia***" (Block der Zwietracht), gebildet von Gebäuden verschiedener Architekten, jedes in einem charakteristischen Stil. Hervorzuheben sind die **Casa Batlló** von Antoni Gaudí, die **Casa Amatller** von Josep Puig i Cadafalch und die **Casa Lleó**

Detail Casa Ametller   *Casa Batlló und detail*

Fundació Antoni Tàpies (früherer Verlagssitz Montaner i Simon)

Morera von Lluís Domènech i Montaner. Biegt man links in die *carrer Aragó* ab finden wir den **antiken Verlag Montaner i Simon**, von Domènech i Montaner, heute Sitz der **Fundació Antoni Tàpies** (*Aragó, 255*), Gebäude das man, neben der **Casa Vicens** (*Carolines, 18-24*), erstes Werk von Gaudí, als Ursprung des Modernismus bezeichnen kann (um dieses zweite Gebäude zu betrachten muß man in das Viertel Gràcia gehen).

Um den Besuch fortzusetzen gehen Sie zum *Passeig de Gràcia* zurück und bis zur *carrer Provença* hoch: An dieser Ecke befindet sich die **Casa Milà** (auch bekannt als **La Pedrera**, *Passeig de Gràcia, 92*} desselben Gaudís, eines der hervorragendsten Werke dieses Architekten.

Von hier aus können Sie die UBahn (Haltestelle *Sagrada Familia*) nehmen, bis zum **Temple Expiatori de la Sagrada Familia**, eines der Gebäude, die man am meisten mit Barcelona assoziert. Die Bebauung wird fortgesetzt, so wie es Gaudi erwartete, in der gleichen Tradition der gotischen Kathedralen, die im Laufe vieler Jahrzehnte und mit der Unterstützung mehrerer Generationen errichtet wurden (verpassen Sie nicht das monographische Museum.im Keller, und das Emporsteigen der Filialen, wenn Sie die Stadt von oben aus sehen möchten). Von der Plaça de la Sagrada Familia führt eine breite Fußgängerallee, die *Avinguda de Gaudí*, zum **Hospital de la Santa**

Casa Vicens

Casa Milà (la Pedrera)

Casa Milà, details fassade

Sagrada Família: Details

Sagrada Família: Zinnen

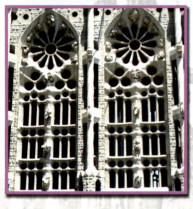

Temple Sagrada Família:
Skulpturen von Subirachs
an der Passionfassade

Temple Sagrada Família
Fassade der Geburt

28

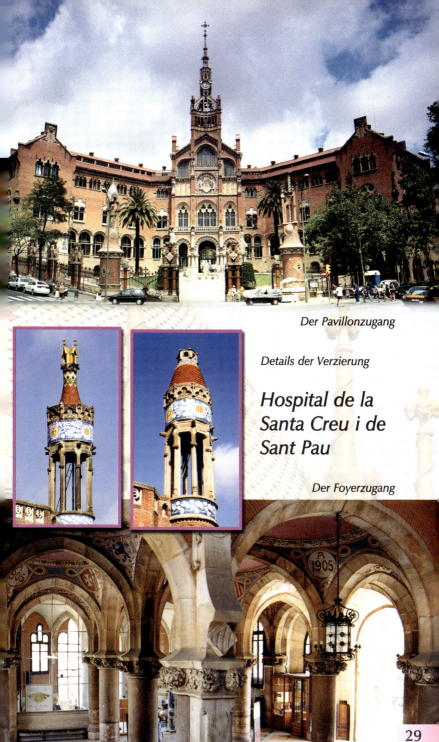

Der Pavillonzugang

Details der Verzierung

Hospital de la Santa Creu i de Sant Pau

Der Foyerzugang

Palau de la Música Catalana

Skulpturengruppe von Miquel Blay, die der Volksmusik gewidmet ist

Creu i de Sant Pau, entworfen von Domènech i Montaner. Der zweite Rundgang führt uns durch die Straßen der Altstadt. Wir beginnen am **Palau de la Música Catalana** (Amadeu Vives, 1), von Domènech i Montaner. Um in Ruhe alle Details des Innensaals zu genießen sollte man am besten eines der Konzerte, die dort stattfinden, besuchen.

Mehrfarbige mit Mosaik verkleidete Säulen

Detalle mural del escenario

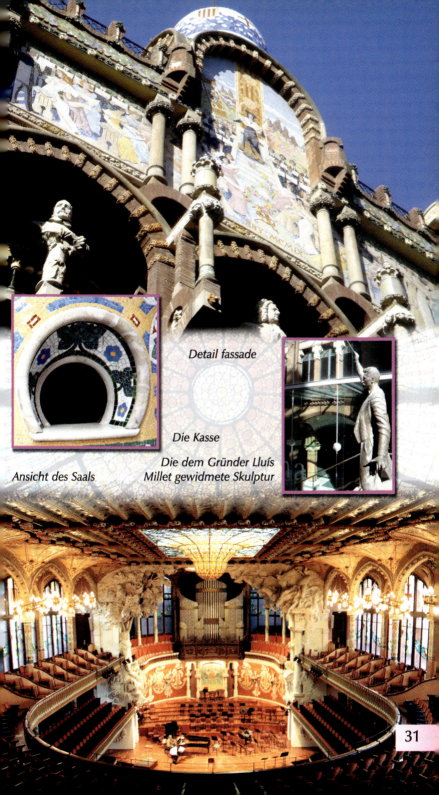

Detail fassade

Die Kasse

Ansicht des Saals

Die dem Gründer Lluís
Millet gewidmete Skulptur

Plaça de Sant Jaume

Laternen an der Plaça Reial

Gehen Sie die *Via Laietana* abwärts (eröffnet im Jahre 1909), bis zur Kreuzung mit dem *carrer Jaume I*, und biegen Sie dort an der *Plaça Sant Jaume* ab. Dieser Platz erhielt, neben der **Carrer Ferran**, der an den *Rambles* mündet, das heutige Aussehen im Jahre 1823: Das Projekt befand sich unter den von der Stadt durchgeführten Bauten vor den Umwandlungen im Jahre 1854. Gehen Sie die *carrer Ferran* abwärts und kurz bevor Sie zu den *Rambles* gelangen werden Sie auf Ihrer linken Seite eine Passage, die

Plaça Reial

Palau Güell

zu einem Platz im Kolonialstil führt, mit Portiken, sehen. Dies ist die *Plaça Reial*, eines der am meisten bewunderten und besuchten Plätze der Touristen und Barceloneser. Ihr Projekt stammt aus dem Jahre 1848 (Daniel Molina) und wurde auf dem Grundstück eines Kapuzinerklosters errichtet. Die Laternen in der Mitte des Platzes wurden durch den jungen Antoni Gaudí im Jahre 1878 entworfen. Geht man wieder zu den *Rambles* hinaus und überquert sie gelangt man zur carrer Nou de la Rambla: Dort befindet sich der *Palau Güell* (*Nou de la Rambla, 3-5*), ein Werk von Gaudí, heute Sitz des *Museum*

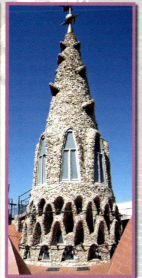

Palau Güell: Details der Verzierung

Hotel España

Detail der casa Bruno Quadros

befindet (*Rambles, 82*) von Josep Vilaseca, unübersehbar wegen des Drachens und Regenschirms, die die Fassade dekorieren.

Die *Rambles* entlanggehend Richtung *Plaça Catalunya* stoßen wir auf die *Casa Figueres* mit der *Pastelería Escribà* (*Rambles, 83*) und dem *Mercat de la Boqueria*, **der Unterhalfungskünste**. Vom carrer *Nou de la Rambla* gelangen wir zur carrer *de Sant Pau*, wo wir zwei weitere Beispiele modernistischer Architektur betrachten können: Das **Hotel Peninsular** (*Sant Pau, 32-34*) und das **Hotel España** (*Sant Pau, 9*) von Domènech i Montaner. Wenn Sie zu den *Rambles* an der *carrer de Sant Pau* zurückgehen gelangen Sie zur *Placeta de la Boqueria*, an einer deren Ecke sich die **Casa Bruno Quadros**

Mercat de la Boqueria (Sant Josep)

Menschliche Statuen

Les Rambles

Font de
Canaletas

35

Konditorei Escribà   *els Quatre Gats*

der einige modernistische
Eigenschaften aufweist.

Das Verzeichnis aller modernistischer Gebäude und Läden der Stadt
würde einige Seiten lang sein; wir
werden nur noch zwei weitere
Einrichtungen nennen, die einen
Besuch lohnen:

den *Parc de la Ciutadella* (der am
selben Ort des antiken Forts liegt),
wo sich einige Gebäude dieser
Periode befinden und ein Brunnen,
an dessen Planung der junge Gaudí
teilnahm.

Der *Parc Güell* (*calle Olot*), wo
Gaudí einen sogenannten verzau-

berten Garten schuf. Bevor Sie diesen Park verlassen sollten Sie die
Casa Museu de Gaudí besuchen,
wo Sie interessante modernistische
Möbel bewundern können.

In den ersten Jahrzehnten dieses
Jahrhunderts war Barcelona
Treffpunkt vieler Literaten,
Komponisten und Maler. Eines der
Lokale, in dem sie sich trafen, ist
heute noch bekannt: *els Quatre
Gats* (*Montsió, 5*} ist nach wie vor
eines der meistbesuchten Cafés.
Unter diesen Künstlern sollte man
Picasso, Miró und Dalí hervorhe-
ben. Wer die Werke der ersten bei-

Die Farmàcia antiga
(alte Apotheke)
Dr. Masó Arumi

*Messegelände: Venezianische Türme
und Font Màgica
(Magischer Brunnen)*

den kennenlernen möchte hat die Chance die Museen mit gleichen Namen in dieser Stadt zu besuchen (siehe 5. Kapitel).
Im Jahre 1929 fand die

Wehausteilung statt. Der Großteil der für dieses Ereignis errichteten Gebäude befinden sich in der Gegend von Montjuïc und sind immernoch ein wichtiger Teil der urbanistischen Landschaft. Von der *Plaça de Espanya* aus kann man sehen: Die *venezianische Türme* von Ramón Reventós, die als

*Montaña de Montjuïc
Der Berg Montjuïc, Sardanadenkmal*

Bank am großen Platz im Parc Güell

Eingangsportikum zum Gelände der Ausstellung dienten; die *Ausstellungspaläste*, in denen auch heutzutage noch mehrere Ausstellungen und Kongresse stattfinden; die Brunnen, ein Werk von Carles Buigas (an denen man an Wochenenden die vielbesuche

Vorführung "*son et lumiere*" - *Font Màgica* besuchen kann); und den *Palau Nacional* (Nationalpalast), der Architekten Pere Domènech, Pedro Cendonya und Enric Català, heute restauriert durch den italienischen Architekten Gae Aulenti. Der Palast ist seit 1934 Sitz des *Nationalmuseum für katalanische*

Parc Güell. Saal der Hundert Säulen

Galerie mit Portiken im Parc Güell.

Drachen an der Treppe des Parc Güell

Eingang zum Poble Espanyol
(Spanishes Dorf)

Kunst.

Aus Anlaß der Weltausteilung errichteten die noucentistischen Künstler
Utrillo, Nogues und Folguera den
sogenannten *Poble Espanyol*, in dem
man die charakteristischten Gebäude
Spaniens betrachten kann, außer
Handwerkerläden, Bars und
Restaurants. In der gleichen Gegend
befindet sich der *Pavelló de Mies van
der Rohe* (siehe 4. Kapitel).

Die Schönheit der Landschaft
Barcelonas gab ihrem Berg den
Namen *Tibidabo*, mit den lateinis-

Skulptur von Georg Kolbe.
Deutscher Pavillon der
Weltaustellung 1929, Werk von
Mies van der Rohe

Die Gärten von
Mossèn Costa i Llobera
Miramar, Montjuïc

Ein Blick auf Barcelona
vom Berg Tibidabo

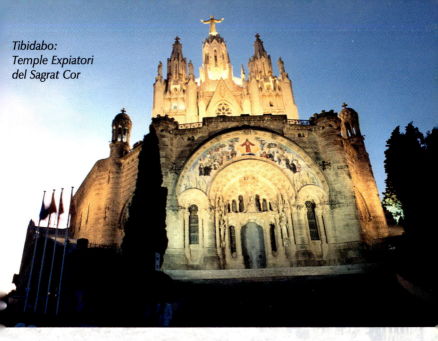

Tibidabo:
Temple Expiatori
del Sagrat Cor

chen Wörtern, mit denen der Teufel Jesus in Versuchung brachte: *Dies alles werde ich Dir geben, wenn Du vor mir niederkniend mich vergötterst.* Auch heute noch ist der Tibidabo ein phantastischer Ausblickpunkt über Barcelonas Ebene. Am Gipfel errichtete der Architekt Enric Sagnier einen neogotischen Tempel (1902). Überraschenderweise wurde in der Nähe später ein Vergnügungspark eröffnet. Dies könnte ein kurioser Besuch sein.

Tibidabo: Der Vergnügungspark

41

3. Kapitel
Mittelalterliches und früheres Barcelona

Die Stadt Barcelona (*Colonia Julia Augusta Paterna Faventia Barcino*) wurde von den Römern im 1. Jh. v. Ch. gegründet, im antiken mons Taber. Wie alle "ex novo" gegründeten Städte hatte diese einen quadratischen Grundriß mit zwei Hauptstraßen (die heutigen *Bisbe-Ciutat und Llibreteria-del Call*), an dessen Kreuzung sich das forum befand, der Hauptplatz, mit öffentlichen Gebäuden wie den Tempel (von dem einige Säulen erhalten sind, im Inneren des Gebäude der *carrer Paradís 10*). Die römische Stadt war durch *Stadtmauern* beschützt, von denen man Überreste in der *carrer Tapineria* und in der *carrer de la Palla* sehen kann. (Unter den Überresten der römischen Epoche, die man in der Altstadt betrachten kann, ist eine *Nekropole*, die sich in der *Plaça Vila de Madrid* befindet).

Haupttor der Santa Madrona Avinguda del Paral.lel

Ab dem Jahr 415 war Barcino Hauptstadt des westgodischen Reiches und kurz danach Sitz eines Bischofs. Von 718 bis 801 war es von den Arabern besetzt, nacher "befreit" durch Luis el Piadoso, Sohn von Karl des Großen. Mit der fränkischen Regierung wurden die ersten Grafen ernannt. Die Tradition sagt, daß einer von ihnen, Jofre, in einer Schlacht verletzt wurde und der dankbare König mit seinen mit Blut verschmierten Fingern vier Linien auf dem goldenen Schild des Grafen malte, womit die katalanische Flagge geboren wurde. Von da an wuchs die Stadt ohne Unterbrechung. Der König Jaume I, Gründer des *Consell de Cent* (Rat der Hundert), begann die Expansion zu den Inseln des Mittelmeers, Griechenland und Konstantinopel, und entwickelte dabei den Handel, weshalb Barcelona bis zum 15. Jh.

Santa Maria del Mar

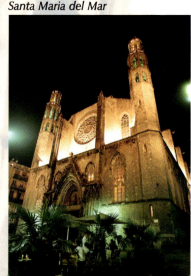

*Inneres von
Santa Maria
del Mar*

*„Fossar de les
Moreres"*

eine große Rolle in der Wirtschaft
des Mittelmeeres spielte. Ein
Spaziergang zwischen den
Rambles und der *Via Laietana*, und
ein bißchen weiter, im Viertel
Ribera Richtung *Santa Maria del
Mar*, kann einen Einblick in das
antike Barcelona geben.

Die engen Straßen der mittelalter-
lichen Stadt haben den ganzen
Reiz beibehalten und öffnen den
Weg zu architektonischen
Schätzen, die der Besucher nach
und nach entdecken wird.
Barcelona hat, unter anderem, drei
großartige gotische Kirchen, deren

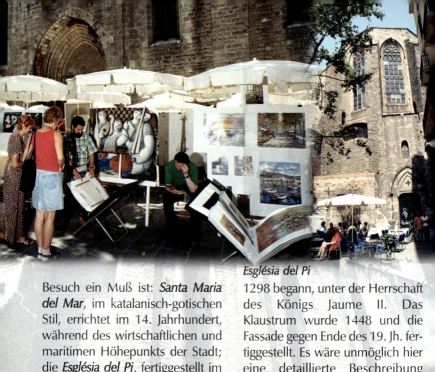

Besuch ein Muß ist: *Santa Maria del Mar*, im katalanisch-gotischen Stil, errichtet im 14. Jahrhundert, während des wirtschaftlichen und maritimen Höhepunkts der Stadt; die *Església del Pi*, fertiggestellt im jähre 1452, obwohl ihre ersten Überlieferungen aus dem 10. Jh. stammen, und zuletzt die *Kathedrale*, dessen Bau im Jahre

Església del Pi

1298 begann, unter der Herrschaft des Königs Jaume II. Das Klaustrum wurde 1448 und die Fassade gegen Ende des 19. Jh. fertiggestellt. Es wäre unmöglich hier eine detaillierte Beschreibung zusammenzufassen. Man muß das

Kathedrale

die Seite neigte um einer feindliche Kugel zu entweichen. Auf der hinteren Seite der Kathedrale befindet

Palau Reial Major

Spiegelbild der Kathedrale im Architektenkolleg

Innere genau studieren und auch die äußeren Strukturen bewundern. Ein Kuriosum: In der ersten Kapelle auf der rechten Seite befindet sich ein Schnitzwerk von Christus, das sich im Schiff von Johann von Österreich während der Schlacht von Lepanto befand und das sich, so die Traditiion, auf

Plaça del Rei

sich der *Palau del Lloctinent* (16. Jh.). Weiter entlanggehend stoßt man auf die *Plaça del Rei*, mit dem *Palau Reial Major* (11. Jh.), und von dort können Sie zur *Plaça de Sant Jaume* gehen, wo sich der Palau de la Generalität und das **Ajuntament** (Rathaus) befinden, beide im Laufe vieler Jahrhunderte errichtet (die Fassaden sind vom 19. Jh.). Wenn man zur Kathedrale an der *carrer del Bisbe* schaut sieht man eine Brücke, die wegen ihres gotischen Aussehens immer auffällt. Aber lassen Sie sich nicht täuschen, da sie aus dem Jahre 1928 stammt.

Um das romanische Hauptmonument der Stadt zu besuchen müssen Sie bis zum Ende der *carrer de Sant Pau* gelangen: Dort

Sant Pau del Camp

finden Sie die *Església de Sant Pau del Camp*, dessen Umfeld in den letzten Jahren vollkommen erneuert wurde. Die ersten Liberlieferungen über dieses Gebäude stammen aus dem 10. Jahrhundert, als es ein Kloster war. Die heutige Struktur ist das Ergebnis des Wiederaufbaus, der zwischen dem 12. und 13. Jahrhundert stattfand. Von *Sant Pau*

Ajuntament de Barcelona
Saló de Cent: Saal

Palau de la Generalitat

Carrer del Bisbe

del Camp können Sie zum Hafen hinunter- oder aber Montjuïc hinaufgehen. Im ersten Fall können Sie die antiken *Drassanes* besuchen, im zweiten den *Castell* (Burg).
Die *Drassanes* sind die größten und ältesten Werften auf der Welt. Ihr Bau begann im Jahre 1255 durch

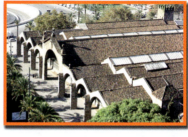

Drassanes

Befehl von Pere el Gran. Im 15. Jahrhundert konnte man schon dreißig Schiffe gleichzeitig bauen, das Gebäude wurde aber bis zum 18. Jahrhundert erweitert. Ein Teil der Drassanes beherbergt heute das *Schiffahrtsmuseum*.
El Castell de Montjuïc (Befestungsanlage), die sich auf dem Höhepunkt des Hügels mit dem gleichen Nahmen erhebt, bietet heute einen großartigen Aussichtspunkt. . Die Vorteile dieses Ortes als Beobachtungs- und Kontrollpunkt war der Grund, daß sich dort schon in antiken Zeiten ein Wachturm befand. Die erste Burg errichtete man in der Rekordzeit

Burg von Montjuïc. sicht von Barcelona vom Montjuïc

Kloster von Pedralbes

von 30 Tagen im Jahre 1640, während der *Guerra del Segadors*, und wurde 1694 in eine wahre Festung umgewandelt. Die sternförmige Struktur, die wir heutzutage betrachten können, wurde der Burg während des Umbaus zwischen 1751 und 1779 gegeben.

Eine andere antike Einrichtung, die der Besucher nicht verpassen sollte, ist das *Monestir de Pedralbes*, errichtet im 14. und erneuert gegen Ende des 19. Jahrhunderts. Es handelt sich hierbei um ein perfektes Beispiel katalanisch-gotischer Architektur, die im Laufe der Jahre intakt geblieben ist. Der Besuch der Festung lohnt sich nicht nur wegen ihrer architektonischen Strukturen und ihres wunderbaren Kreuzgangs, sondern auch, weil sie in einem sorgfältig umgestalteten Rahmen ein wichtiges Museum beherbergt.

Labyrinth von Horta

Llibreria del Raval

4. Kapitel
Was Touristen nicht sehen

Egal wie lange der Besucher in einer Stadt ist und mit wieviel Eifer er Sehenswürdigkeiten besucht, es bleiben immer noch Winkel übrig, die er nicht sehen wird, ganze Viertel, die er nicht kennenlernen wird. Manchmal befinden sich verborgene Schätze neben Gebäuden und Monumenten, die jeder Führer empfehlen würde zu besuchen, und trotzdem sehen sie nur ganz wenige Touristen. Wir erwarten nicht, daß dieses Kapitel genug sein wird um die Geheimnisse von Barcelona kennenzulernen, wir möchten Ihnen aber einen ersten Einblick in einige Kuriositäten und Festivitäten geben, in denen Sie ein weniger touristisches und echteres Barcelona entdecken werden.

Ciudad Vieja oder Casc Antic (Altstadt):

Die Rambles abwärts gehend biegen Sie rechts an der *carrer Bonsuccés* ab: Nach dem Platz mit gleichen Namen wird diese zur *carrer Elisabets*: Bei Nummer 6 lohnt sich ein Besuch **der Buchhandlung, die sich in der antiken gotischen Kirche der Misericòrdia** befindet. Die gleiche Straße entlanggehend gelangen Sie zum *MACBA* und zur *Casa de la Caritat*. An einer Seite des **Pati de les Dones** hat man das **Zentrum für zeitgenössische Kultur Barcelonas**. Es lohnt sich auch den **Pati Manning** zu besuchen, der sich am nächsten Eingang derselben Straße befindet. Wenn Sie diesen verlassen, gehen Sie wieder zum *MACBA* zurück und weiter bis zur *carrer del Carme*. Wenn Sie zu dieser kommen sehen Sie das **Antic Hospital de la Santa Creu**, dessen Innenhöfe sich für eine kurze Ruhepause eignen, in einer

Casa de la Caritat

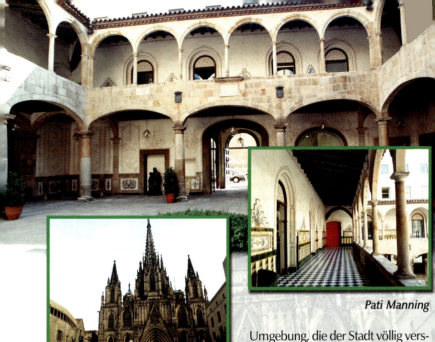

Pati Manning

Sardanes

Plaça de Sant Felip Neri

Umgebung, die der Stadt völlig verschieden ist (sonntags geschlossen; samstags kann man nur von der *carrer Hospital* aus hineinkommen).

Auf der anderen Seite der Rambles bietet das Gebäude des *Ateneu Barcelonès* (*Canuda, 6*) ein weniger bekanntes Beispiel modernistischer Architektur (betrachten Sie vor allem die Kabine des Aufzugs). Am Ende dieser Straße werden Sie sich in der Nähe der Kathedrale befinden. Wenn Sie sich in Barcelona einen Sonntagmorgen befinden gehen Sie zu diesem Platz um 12 Uhr mittags. Ein große Ansammlung von Barceloneser jedes Alters trifft sich hier um diese Uhrzeit um *sardanes* zu tanzen, ein Brauch, bei deren Betrachtung man einen Moment meinen könnte, daß wir uns hier nicht in einer Metropole befinden, sondern in einem Dorf, indem sich alle kennen.

Gehen Sie zur rechten Seite der Kathedrale und die erste Straße

Antikes Krankenhaus von Santa Creu

Plaça Milans

eine Krippe unter freien Himmel vorfinden) und die carrer Ferran bis zur carrer Avinyó abwärts. Fast am Ende dieser, auf der linken Seite, befindet sich ein kleiner Platz, die *Plaça Milans*, deren polygonale Form man sehr gut betrachten kann wenn man zum Himmel schaut. Von hier aus können Sie zum *Passeig Colom* gelangen und links weitergehend, am Pla del Palau ankommen,

rechts nach oben (*carrer Montjuïc del Bisbe*). Sie werden an einen ruhigen Platz gelangen, in der ein Brunnen und ein Baum (der im Juni seine gelben Blüten verliert, wobei der Platz dann von einem Teppich bedeckt wird) eine unglaublich friedliche Stimmung verleihen. Es handelt sich um die **Plaça de Sant Felip Neri**.

Gehen Sie zur **Plaça Sant Jaume** zurück (wenn Sie die Chance haben im Dezember hier zu sein werde Sie

Torre de les Aigües
(Wassertürme)

La Llotja

"Golondrines": Rundfahrten im Inneren des Hafens seit 1888

wo sich das Gebäude der *Llotja* befindet, errichtet gegen Ende des 14. Jahrhunderts im flämmensprühenden katalanisch-gotischen Stil. Die verschiedenen Fassaden wurden im Jahre 1774 mit einer klassischen Ausmauerung vereinigt. Der gotische Saal diente bis vor kurzem

Església de la Mercè

als Handelsraum.

Wenn Sie den Hafen kennenlernen und die Stadt vom Meer aus sehen möchten, nehmen Sie sich die Zeit um eine Fahrt mit den "*golondrines*" zu unternehmen. Dies sind kleine Schiffe, die vom Moll de la Fusta losfahren.

Um eine vergnügliche Nacht zu erleben bietet der hundert Jahre alte Tanzsaal *La Paloma* (*Tigre*, 27) ohne Zweifel ein interessantes Umfeld. Die Dekoration, entworfen von Salvador Alarma, hat sich seit 1904

"La Paloma"

*Mural dels Famosos
(Mauer der Berühmtheiten)*

nicht mehr geändert. Hier wird noch mit der Musik einer Orchester getanzt.

Gràcia:

Das Dorf Gràcia, das getrennt von Barcelona bis zur Errichtung des *Eixamples* war, hat seine Traditionen Beibehalten, obwohl es jetzt ein weiteres Viertel der Stadt ist. Wir raten Ihnen, die Straßen und Plätze dieses Viertels zu besuchen (dann können Sie auch die **Casa Vicens** besuchen, das erste Werk von Gaudí, in der *carrer Carolines, 24*), vor allem aber, wenn Sie sich in Barcelona um den 15. August befinden, sollten Sie eine oder mehrere Nächte die **Festa Major** genießen: Während der Festivitäten werden große Abendessen auf der Straße, Wettbewerbe zwischen den am schönsten dekorierten Straßen und Spiele unter freien Himmel organisiert. (Ähnliche Festivitäten finden im Viertel Sants um den 24. August statt)

Montjuïc:

Einige "kurzlebige Gebäude", die für die Ausstellung im Jahre 1929 errichtet wurden, stehen heute noch. Der **Deutscher Pavillon**, entworfen von **Ludwig Mies van der Rohe**, der nach der Ausstellung abgebaut wurde, wurde am gleichen Ort im Jahre 1985 wiederaufgebaut. Die überraschende Schönheit gilt immernoch als Beispiel einer unerreichbaren architektonischen Harmonie.

L'Eixample:

Das Gebäude in der carrer *Roger de Llúria, 56*, ist aus zwei Gründen interessant: ein **Torre d'Aigües**

Fira de Sant Ponç

(Wasserturm) aus dem Jahre 1867 und die Tatsache, daß der innere Block seit 1987 öffentlich ist, den Einwohnern des Vierteils ein Freizeitort bietend. Wenn man die gleiche *carrer de Roger de Llúria* bis zur Ecke der *carrer Aragó* aufwärts geht, stößt man auf die **Església de la Concepció**, die gegen Ende des 19. Jahrhunderts hierher versetzt wurde. Leider wurden bei der Erneuerung viele Änderungen vorgenommen, das Klaustrum ist aber nach wie vor sehr interessant. Ein Kuriosum: Der Glockenturm stammt von einer anderen Kirche, die auch abgebaut wurde.

An der Ecke der *Av. Diagonal* mit der *Plaça de la Hispanitat* befindet sich der **Mural dels Famosos** (Mauer der Berühmtheiten, 1992): Abbildung einer Fassade mit Fenstern und Balkonen, an denen man viele Berühmtheiten dieses Jahrhunderts wiedererkennen kann.

Andere Festivitäten

Barcelona hat, wie wir bereits gesehen haben, trotz ihrer rasanten wirtschaftlichen Entwicklung ihre volkstümlichen Wurzeln nicht verloren und hat viele ihrer traditinellen Festivitäten beibehalten. Unter ihnen sollte man folgende hervorheben:

* An den Tagen vor Weihnachten, um den 13. Dezember, findet in den Straßen in der Nähe der Kathedrale die **Fira de Santa Llúcia** statt, mit Ständen mit weihnachtlichen Gegenständen und kleinen Statuen.
* Am **Abend vor den Heiligen Drei Königen** findet ein Umzug statt, der am Hafen beginnt.
* Der 12. Februar ist der Tag der **Santa Eulàlia**, heutzutage wird die *feste Major d'Hivern* gefeiert wird.
* Während der **Osterwoche** finden verschiedene Umzüge und Festivitäten statt, wobei man die der Jungfrau von Macarena und des Christus der Großen Macht hervorheben muß, der von der Kirche von Sant Agustí am Nachmittag des Karfreitags startet.
* Das Ausserien der Rambles ändert sich völlig am 23. April, **Tag des Sant Jordi**, Schutzheiliger von Katalonien. Traditionsgemäß schenken an diesem Tag die Männer den Frauen Rosen und die Frauen den Männern Bücher. So füllen sich diese und andere Straßen mit Tischen, voll mit den Neuigkeiten des Büchermarktes und mit Sträußen von roten Rosen.
* Am 11. Mai feiert man in der *carrer Hospital* die **Fira de Sant Ponç**, wobei eingelegtes Obst, Gräser und Honig verkauft werden.
* Im Juni, am Fronleichnamtag, kann man im Klaustrum der Kathedrale und im Hof von Ca l'Ardiaca den **lou com balla** sehen: Eine Eischale, die im Gleichgewicht auf dem Wasserstrahl des Brunnens, der mit Tulpen geschmückt ist, bleibt.
* In der Nacht zwischen 23. und 24. Juni feiert man die **Revetlla de Sant Joan** (Johannisnacht), mit Lagerfeuern in den Straßen und Feuerwerken bis zum nächsten Morgen.
* Am 11. September findet die **Diada** statt, der Nationalfeiertag Kataloniens.
* Am 24. September feiert man die **Mercè**, Fest zu Ehren der Schutzheiligen von Barcelona. Es finden Tänze, Konzerte und andere Arten von Feierlichkeiten statt.

5. Kapitel:
Die Museen

In Barcelona befinden sich fast fünfzig Museen, wobei jedes für sich interessante Aspekte aufweist. Da wir nicht alle autzählen können werden wir uns auf einige beschränken und eine Liste mit den Adressen der anderen bereitstellen.

Museum der Stadtgeschichte

MNAC, Nationales Kunstmuseum Kataloniens (*Palau Nacional - Parc de Montjuïc*). Befindet sich seit 1934 im Palau Nacional und wurde während der neunziger Jahre komplett erneuert, nach einem Projekt des Architekten Gae Aulenti. Dort kann man Werke der romanischen und gotischen Epoche und andere Stücke der Renaissance und des Barrocks sehen.

Museum der katalanischen Geschichte (*Palau de Mar, Plaça Pau Vila, 3*) befindet sich in den antiken *Magatzems Generals del Port*, Gebäude des Jahres 1900, das 1996 als Museum hergerichtet wurde. Die Ausstellung, die auf moderne Art und Weise hergerichtet wurde, mit audiovisueller und informatischer Ausrüstung, kombiniert Wissensverbreitung und Strenge in einem historischen Rundgang, der von der Prähistorie bis zur Gegenwart geht. Außerdem finden verschiedene vorübergehende Ausstellungen statt.

Museum der Stadgeschichte (*Plaça del Rei, s/n*). Zweitausend Jahre

Museum der katalanischen Geschichte Palau del Mar

Geschichte von Barcelona, erklärt mit Hilfe audiovisueller Methoden und Gegenständen der Epoche: Pläne, Karten, Zeichnungen und Dokumente. Man kann die archäologischen Überreste im Untergrund des Museums besuchen. Vor kurzem wurde die Vorstellung erneuert.

Archäologisches Museum

Archäologisches Museum (*Pg. De Santa Madrona, 39-41*). Gegründet im Jahre 1934 und in einem der Pavillons der Weltausstellung von 1929 angelegt. Es werden eine riesige Anzahl von Stücken ausgestellt, nicht nur katalanischer Herkunft, von der paläolitischen bis zur spätrömischen Epoche.

Museu Picasso (*Montcada, 15-23*). Dieses Museum befindet sich in nennenswerten Gebäuden, dem Palast im Stile der GotikRenaissance von Berenguer d'Aguilar und vom Grafen von Castellet i Roca, im neoklassischen Stil. Ausgestellt werden vor allem (aber nicht nur) Werke der Jugendzeit des Künstlers:

Museu Picasso

Malerein, Stiche und Keramiken. Es wurde im Jahre 1963 eröffnet, dank einer Spende von Jaume Sabertés, Freund des Malers, und wurde mit der Unterstützung des Künstlers und Jacqueline Picasso erweitert.

Textil- und Kleidungsmuseum (*Montcada, 12-14*). Es befindet sich in einem anderen großartigen Gebäude, dem Palast Marqués de Llió, gegenüber des Museu Picasso. Es werden Stoffe ausgestellt, Teppiche und Spitzen vom 4. bis zu

Textil- und Bekleidungsmuseum

den großen Modemachern des 20. Jahrhundert.

Fundació Joan Miró (*Av. Miramar, 71-75 oder Plaça Neptú, s/n - Parc de Montjuïc*). Das Gebäude wurde von Josep Lluís Sert (Freund des Künstlers) geplant um die erste von Mirö im Jahre 1971 gespendete

CaixaForum (Fundació La Caixa) Casaramona. Montjuïc

Sammlung aufzunehmen. Außer seinen Werken finden wir hier noch Stücke von Braque, Calder, Matisse und Tàpies, unter anderem, alle von den Künstlern gespendet.

Fundació Antoni Tàpies (*Aragó, 255*). Dieses Museum befindet sich in einem der repräsentativsten Gebäude des modernistischen Barcelonas und seit dem Bestehen im Jahre 1984 und der Öffnung für das Publikum 1990 kann man dort eine der reichhaltigsten Sammlungen des Künstlers betrachten. Es handelt sich nicht genau um ein Museum, sondern um ein "Ort des Zusammentreffens um die zeitgenössische Kunst besser zu verstehen". Die Fundació studiert die heutige Kunst und organisiert Vorträge, Ausstellungen und Seminare.

Museus Gaudí: *Casa Museu (Parc Güell); Museu del Temple Expiatori de la Sagrada Família (Mallorca, 401); Espai Gaudí (La Pedrera, Provença, 261-265)*. Im ersten werden Möbel und Zeichnungen ausgestellt. Im zweiten, einem monographischen Museum, Zeichnungen, Modelle und Projekte des Tempels.

Fundació Miró

Das dritte ist eigentlich kein Museum, sondern ein Informationszentrum und Verkauf von Büchern und Gegenständen, die mit der modernistischen Kunst zu tun haben.

Museu Frederic Marès (*Plaça Sant Lu, 5*). Dieses Museum befindet sich im antiken Palau de Comtes de Barcelona. Gegründet im Jahre 1946 werden dort nennenswerte Sammlungen von Haushalts- und Dekorationsgegenständen ausgestellt, von der vorrömischen Epoche bis zum 20. Jahrhundert. Wichtig ist vor allem die große Anzahl an Skulpturen.

Schiffahrtsmuseum (*Avinguda de les Drassanes, s/n*). Im architektonischen Komplex der Drassanes befinden sich seit 1941 Sammlungen von alten nautischen Schulen der katalanischen Küste, Spenden von Seefahrtsgesellschaften und Personen. Es werden Modelle, Galionsfiguren, Navigationsinstrumente und Karten ausgestellt. Besonders hervorzuheben ist der Nachbau in Originalgröße der königlichen Galeere von Johann von Österreich, mit der im jähre 1571 die Schlacht von Lepanto geleitet wurde, und die Ausstellung "L'Aventura del Mär".

Museum für zeitgenössische Kunst, MACBA (*Plaça del Àngels, 1*). Eröffnet im Jahre 1995 ist das MACBA ein Referenzpunkt des künstlerischen und kulturellen Lebens der Stadt. Das Gebäude, ein Werk des Architekten Richard Meier, befindet sich im Viertel Raval und wird als ein wichtiges Element im urbanistischen Erneuerungsprozeß der Umgebung betrachtet. Dort kann man Kunstsammlungen der zweiten Hälfte des 20. Jahrhunderts betrachten, außer manch einer Zeitausstellung.

Aquarium (Moll d'Espanya del Port Vell, s/n). Dieses Aquarium, eröffnet 1996, ist das größte Europas und bietet, unter anderen Attraktionen, einen 80 Meter langen Tunnel an, der unter einem Becken mit mehr als vier Millionen Liter Meereswasser, mit Haifischen, Mondfischen und anderen interessanten Spezien, verläuft.

Museu Frederic Marès

Galeria Maeght

Otros Museos:

CaixaForum. Fundació La Caixa
Avda. Marqués de Comillas, 6-8
Casa Asia (Palau Baró de Quadras)
Avda. Diagonal, 373
Casa Verdaguer:
Ctra. Església, 104
Centre d'Art Santa Mónica:
La Rambla,7
Centre de Cultura Contemporània
de Barcelona (CCCB):
Montalegre, 5
CosmoCaixa, das neue
Museum der Wissenschaft:
Teodor Roviralta, 55
Fundación Fizan Daurell:
Av. Marqués de Comillas s/n

Wachsfigurenmuseum

*Der Antiguo Mercado (der alte
Markt) del Born mit den archeolo-
gischen Resten aus dem Jahr 1714*

Fundación Francisco Godia:
Valencia, 285, pral.
Galería Maeght:
Casa Cervelló, Montcada, 25
Olympische Galerie:
Pg. Olímpic, 17-19
Institut Botànic de Barcelona
Pg. del Migdia, s/n
Botanischer Garten:
Dr. Font i Quer, 2
Museum der Unterhaltungskünste:
Palau Guell, Nou de la Rambla, 3
das Comic- und Illustrationsmuseum:
Santa Carolina, 25
Ägyptisches Museum Barcelona-
Fundació Arqueològica Clos:
Valencia, 284
Museu Barbier Mueller, für prä -
....kolumbinische Kunst:
Montcada, 12-14 Palau Nadal
Ethnologisches Museum:
Pg. Santa Madrona, 16-22
Museum für Ethnographie der
....Anden und Amazonas:
Cardenal Vives, i Tutó, 16
Museum für antike Schuhe:
Plaça de Sant Felip Neri, 5

Centre d'Art Santa Mònica

Mercat de les Flors (Blumenmarkt)
Institut del Teatre, Teatre Lliure

Museum der Erotik:
  Rambles, 96 bis
Museum des Parfums:
  Passeig de Gràcia, 39
Wachsfigurenmuseum:
  Passatge de la Banca, 5-7
Museum für Automaten:
  Parc del Tibidabo, 3
Museum der Beerdigungskrossen:
  Sancho d'Àvila, 2
Museum der Karossen:
  Plaça Josep Pallach, 8
Museu für Zoologie:
  Parc de la Ciutadella, s/n
Museo für Geologie:
  Parc de la Ciutadella, s/n

CosmoCaixa, das neue
Museum der Wissenschaft

Museum der Kathedrale:
  Plaça de la Seu, 1
Museu Diozese von Barcelona:
  Av. De la Catedral, 4
Museum für dekorative Künste:
  Palau Reial, Diagonal, 686
Keramikmuseum:
  Palau Reial, Diagonal, 686
Museum des Kloster von Pedralbes:
  Baixada del Monestir, 9
Museum des Fútbol Club Barcelona:
  Av. Arístides Maillol, 12-18
Museum und Zentrum für
....Sportstudien "Dr. Melcior Colet":
  Buenos Aires, 56-58
Stierkampfmuseum (Monumental):
  Gran Via de les Corts Catalanes, 749

6. Kapitel:
Shopping

Barcelona bietet eine große Anzahl an Produkten an; von den elegantesten Läden bis zu den ärmsten und kleinsten, von den feinsten Antiquariaten bis zu den Marktständen. Der Käufer wird immer das finden, was er sucht, und sehr oft sogar etwas besseres.

Es gibt sehr alte Läden, deren Qualität schon eine Tradition ist, die durch Generationen an Kunden bestätigt wird, mit sehr aktuellen Angeboten. Sie wurden während der Zeit der gewagtesten Designs eröffnet und alle haben ihre Kunden, deren Wünsche erfüllt werden. Der Großteil der Läden ist von 10.00 bis 14.00 und von 17.00 bis 20.00 Uhr von Montag bis Freitag, und nur vormittags am Samstag, geöffnet, aber nicht alle

El Corte Inglés beim
Portal de l'Àngel

Mercados de la Boqueria
y Santa Caterina. Markt.

schließen mittags, und viele haben samstagnachmittags geöffnet. Es ist immer besser, die Öffnungszeiten zu überprüfen wenn Sie etwas Bestimmtes suchen.

Plaça Catalunya

Einkaufszentrum L'Illa Diagonal

Einkaufszentrum La Maquinista

Passeig de Gràcia

Die Achse, gebildet von den Rambles, der Plaça Catalunya (wo sich der El Corte Ingles befindet, ein Zwang beim Shopping), die *Rambla de Catalunya*, den *Passeig de Gràcia*, die *Avinguda Diagonal* und Straßen in der Nähe wird als die wichtigste

Einkaufszentrum Les Glòries

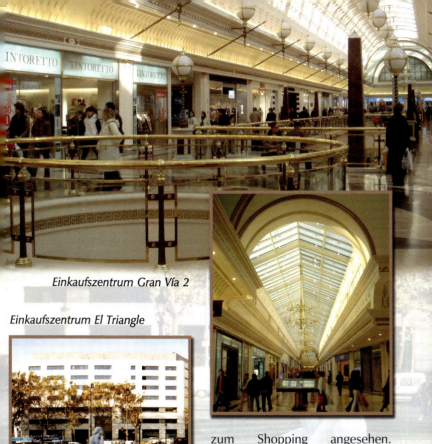

Einkaufszentrum Gran Vía 2

Einkaufszentrum El Triangle

zum Shopping angesehen. Natürlich sollte man sich nicht nur auf diese Zone beschränken. Es gibt interessante Läden in anderen Gegenden der Stadt.

Einkaufszentrum Diagonal Mar

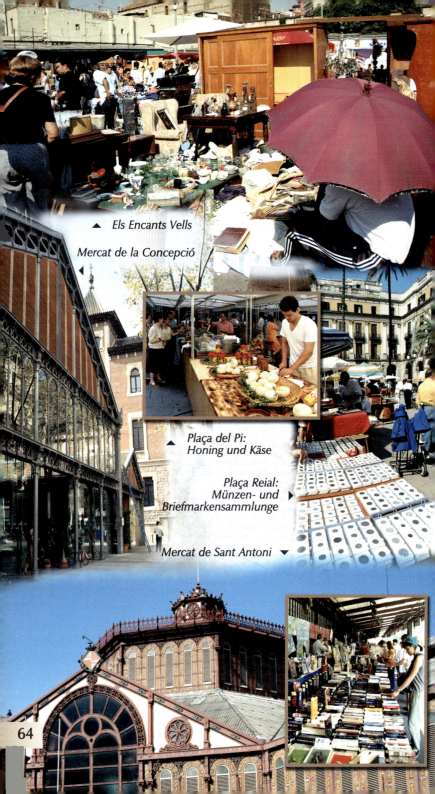

▲ Els Encants Vells

Mercat de la Concepció
◄

▲ Plaça del Pi:
Honing und Käse

Plaça Reial:
Münzen- und ►
Briefmarkensammlunge

Mercat de Sant Antoni ▼

El Corte Inglés Diagonal ▲

*El Corte Inglés
Pl. Catalunya*

▲ *El Centre de la Vila, Avda. d'Icaria*

◄ *Der Antiquitätenmarkt
Portal de la Pau
(samstags und sonntags)*

7. Kapitel:
Antoni Gaudí i Cornet
(1852-1926)

Er wird am 25. Juni 1852 in *Mas de la Calderera* (*Riudoms*) geboren und am 26. in der Pfarrkirche *Sant Pere de Reus* getauft. Nach Beendigung seiner Schulausbildung und Erlangung der Hochschulreife zieht er nach Barcelona um, wo er ein Architekturstudium an der dortigen Architekturfachschule absolviert. Während seiner achtjährigen Studienzeit arbeitet er als Entwurfszeichner bei verschiedenen Architekten wie F. de P. del Villar und José Fontseré, wo er an dem Projekt des Heiligengemaches in der Kirche des Klosters Montserrat, den Arbeiten im *Parc de la Ciutadella*, im Naturwissenschaftsmuseum und auf dem Mercat del Born mitwirkt. Er erhält sein Architekturdiplom am 15. März 1878. In demselben Jahr gewinnt er einen Wettbewerb zum Thema der Strassenbeleuchtung für die Stadt Barcelona und lernt Eusebi Güell, seinen späteren Mäzen und Gönner, kennen, der ihm die Möglichkeit eröffnet, sein gesamtes schöpferisches Talent an

Bauwerken wie den *Pavellons Cüell*, dem *Palau Güell*, dem *Parc Güell* oder der Kirche in der *Colònia Gücll* zu entfalten.

Im Laufe der Jahre entwickelt Gaudí seinen eigenen Stil, der von den Theorien Viollet-le-Ducs und Ruskins beeinflusst wird. Ausgehend von bereits vorhandenen Materialen wie z.B. Keramik, Stein, Eisen, Holz oder Glas schöpft Gaudí neue Formen, wobei er oftmals die Natur zum Vorbild nimmt und ihre Konturen nachbildet. Andererseits gelingt es ihm dank seiner Kenntnisse der katholischen Liturgie, die religiöse Symbolik mit der architektonischen Formgebung zu vereinbaren. Das beste Beispiel dafür ist die *Sagrada Família*, mit der er sich 43 Jahre seines Lebens beschäftigt. Die *Sagrada Família* ist allerdings nicht das einzige unvollendete Werk Gaudís. Hinzu kommen noch andere Arbeiten, die der Künstler nicht fertigstellt, weil es entweder an finanziellen Mitteln mangelt oder weil er sich weigert, Änderungen anzunehmen, die man ihm auferlegen will, wie es beispielsweise bei der *Colònia Güell*, dem *Bischofspalast von Astorga*, der Restaurierung der *Kathedrale von Mallorca*, der *Casa Milà*, der *Casa*

Bellesguard oder dem *Parc Güell* der Fall ist. Am 7. Juni 1926 wird Antoni Gaudí im Alter von 74 von einer Strassenbahn erfasst. Drei Tage später stirbt er und wird in der Krypta der *Sagrada Família* beigesetzt.

Antoni Gaudí war, zusammen mit Domènech i Montaner und Puig i Cadafalch, der repräsentativste Vertreter der katalanischen Jugendstilarchitektur. Fünf ihrer Werke wurden von UNESCO zum Menschlichen Erbe erklärt: 1984 Der Palau Güell, der Parc Güell und die Casa Milà (la Pedrera) von Antoni Gaudí und 1997 der Palau de la Música Catalana und das Hospital de Sant Pau von Domènech i Montaner.

Frühe Werke

Seine ersten Arbeiten als selbständiger Architekt waren der Entwurf einer Reihe von Strassenlaternen für die *Plaça Reial* und das Beleuchtungsprojekt der Wehrmauer, der sogenannten Muralla del Mar. Zu diesen beiden in Barcelona befindlichen Werken muss noch ein Projekt für die Arbeitergenossenschaft in Matar hinzugezählt werden.

Plaça Reial: Strassenlaterne

Detail Fassade Casa Vicens

Casa Vicens

Carrer de les Carolinas, 22
Gebaut 1883-1888

Dieses Gebäude befindet sich im Stadtviertel Gräàcia und wurde von dem Kachelhändler Manuel Vicens i Montaner in Auftrag gegeben. Bei diesem freistehenden Wohnhaus handelt es sich um das erste bedeutende Bauwerk, das Gaudí als Architekt schuf.

Die Aussenfläche ist grösstenteils mit glasierter Keramik verziert. Die Einfriedungsmauer wird von einem gusseisernen Gitter gekrönt, das, genau wie die Eingangstür, aus netzförmig angeordneten Zwergpalinenblättern besteht. Mit diesem Netzwerk beabsichtigte Gaudí, die Zwergpalmbäume, die zu Beginn der Bauarbeiten ausgerissen werden mussten, zu verewigen. Im jahr 1925 wurde dieses Werk von dem Architekten J. B. Serra de Martínez erweitert und von der Stadtverwaltung als bestes Bauwerk des Jahres 1927 ausgezeichnet.

U-Bahn: Gràcia, Plaça Molina L6, Lesseps L 3.
Linienbusse: 22, 24, 25, 27, 28, 31, 32, 87, 127

Temple Sagrada Família

Die Bauarbeiten begannen 1882, und ein Jahr später wurde Antoni Gaudí zum Leiter des Projektes genannt. An dem arbeitete er mehr als 40 Jahre bis zu seinem Tod 1926. Der Hauptentwurf und seine tiefgründigen Studien des Projektes stützen sich auf den Gebrauch von innovativen naturalistischen geometrischen Formen, sie sind das Material, das die Architekten des Tempels heutzutage als Basis für die Fortsetzung der Arbeit benutzen.

Es wurden acht der zwölf Glockentürme der Fassaden gebaut, die mehr als 100 m hoch sind und die Apostel verkörpern. Es bleibt noch, die vier Glockentürme der Fassade de la Gloria, das zentrale 170 m hohe Kuppelgewölbe zu Ehren von Jesus Christus, den 125 m hohe Turm der Jungfrau Maria und die vier Evangelisten zu bauen. Das Gewölbe des Hauptschiffes ist fertig, und zur Zeit arbeitet man hauptsächlich an der Vierung, den Seitenschiffen und der Apsis.

Nach dem Konzept einer Sühnekirche gebaut, wurde der Tempel vom Anfang an ausschließlich durch Almosen von Privatpersonen finanziert, und so ist es noch heute, dank der Spenden, die man von Anhängern und Bewunderern des Werkes bekommt.

Der Tempel beherbergt ein wichtiges Museum mit Entwurfsmodellen, Zeichnungen und einer Menge grafischer Information, das man besichtigen kann. Auf demselben Gelände baute Gaudí 1909 las *Escoles de la Sagrada Familia*, ein Gebäude, dessen Wände und Dach sinusförmig, dessen Struktur aber sehr einfach ist.

Dieses kleine einstöckige Gebäude wurde komplett renoviert. Es befindet sich vor der Fachada de la Pasión (westlichen Fassade), und wir empfehlen Ihnen, es zusammen mit dem Tempel Sagrada Familia zu

Temple Sagrada Família

Temple Sagrada Família: Detail

Pavellons Güell: Detail

besuchen.
(Mehr Fotos auf Seiten 26-27)

U-Bahn: Sagrada Familia L 2 y L 3
Linienbusse: 10, 19, 33, 34, 43,
44, 50, 51

Pavellons Güell

Avinguda de Pedralbes, 7
Gebaut 1884-1887
Sitz des Gaudí-Lehrstuhls des
Fachbereichs für Architektur der
Technischen Universitat Katalonien

Dieses Werk ist vom islamischen Orient inspiriert worden. Nach dem Tod von Eusebi Güell wurde es von 1919 bis 1924 an das Königshaus

Pavellons Güell: Eisentor

abgetreten und in den Pedralbes-Palast verwandelt. Es beherbergt den Gaudí-Lehrstuhl mit Archiv, Bibliothek und Museum.

U-Bahn: Palau Reial L 3.
Linienbusse: 7, 63, 67, 74, 75, 78,
Bitte Besichtigungsbedingungen
erfragen

Palau Güell

Nou de la Rambla, 3-5
Gebaut 1886-1888
Eigentum der Diputació de
Barcelona seit 1945, beherbergt die
Bibliothek des Institut del Teatre

Dieses Bauwerk wurde als Residenz für den Grafen Eusebi Güell errichtet. Was besonders ins Auge fällt, ist die Lage dieses Palastes aus dem 19. Jahrhundert mitten in der Altstadt Barcelonas. Die Fassade ist zwar modern, bewahrt jedoch in ihrem Aufbau die mittelalterliche Essenz. Sowohl aussen als auch innen ist Marmor im Überfluss vorhanden. Das Gebäude besteht aus sechs

Palau Güell: Fassade

Stockwerken, und auf jedem von ihnen kann die Genialität Antoni Gaudís bewundert werden. Allerdings sollte der Täfelung im Besuchersaal oder in der Empfangshalle mit ihrer bestaunenswerten Kuppel grössere Aufmerksamkeit geschenkt werden. Auf dem Dach können die kegelstumpfförmig emporragenden Schornsteine mit ihrer Dekoration aus Keramikelementen in den verschiedensten Farben und Formen, die für mehrere seiner Werke kennzeichnend sind, betrachtet werden. (Mehr Fotos auf Seite 33).

U-Bahn: Liceu y Drassanes L 3.
Linienbusse: 14,19,38,59,91

Col·legi de les Teresianes

Carrer Ganduxer, 85.
Gebaut 1888-1890

Der Pater Enric Ossó, Gründer des Ordens der Theresianerinnen, beauftragte Gaudí mit der Fortsetzung des Baus dieser Schule, der sieben Monate vorher begonnen hatte und ein eher nüchternes Gebäude aus Ziegelsichtmauerwerk mit Bogenfenstern und einer Krönung aus winkelförmig emporragenden Zinnen entstehen liess.

Col·legi de les Teresianes: Detail

U-Bahn: La Bonanova, Tres Torres L 6.
Linienbusse: 14, 16, 70, 72, 74

Casa Calvet

Carrer Casp, 48.
Gebaut 1898-1904

Mit diesem Gebäude wurde Gaudí von Juliana Pintó, der Witwe von Pere Märtir Calvet, beauftragt. Das Erdgeschoss wurde als Geschäftssitz des Familienbetriebs benutzt. Die Wohnungen in den oberen Stockwerken waren bis auf das erste, das von der Familie Calvet bewohnt wurde, zur

Casa Calvet: Türklopfer

Casa Calvet: Fassade

Vermietung bestimmt. Das Mobiliar im Erdgeschoss und im ersten Obergeschoss wurde ebenfalls von Gaudí entworfen. Die im Barrock inspirierte Fassade lässt eine grosse Zahl von reliefartig in die Steine und Geländer eingearbeiteten Pilzen erkennen, die zu Ehren von Pere Màrtir Calvet, der Pilzsachverständiger gewesen war, gefertigt wurden. Die Stadtverwaltung zeichnete dieses Gebäude im Jahr 1900 als bestes Bauwerk des Jahres aus, eine Auszeichnung, die in besagtem Jahr zum ersten Mal verliehen wurde.

U-Bahn: Urquinaona
Linienbusse: 39, 45, 47, 62, B20, B21, B25
Privateigentum. Keine Besichtigung möglich

Casa Bellesguard

Carrer Bellesguard, 16-20.
Construida entre 1900 y 1909

In der Strasse Bellesguard, am Fuss der Bergkette *Collserola*, wählte Gaudi das Beste der bürgerlichen Gotik und errichtete diese herrschaftliche Villa, mit der er von Maria Sagués, Witwe von Jaume Figueras, im Gedenken an den 1410 verstorbenen König Martin beauftragt worden war. Im Jahr 1908 baute Gaudí ein Viadukt zum Schutz der Ruinen des ehemaligen Palastes des besagten Königs. Diese Arbeiten wurden von Domènec Sugrañés im Jahr 1917 zu Ende geführt.

U-Bahn: Av. Tibidabo L 7.
Linienbusse: 22, 58, 64, 73, 75
Privateigentum. Keine Besichtigung möglich

Casa Bellesguard

Parc Güell: Drachen

Parc Güell

Carrer Olot
Gebaut 1900-1914.
Städtisches Eigentum seit 1923

Der Graf Eusebi Güell beauftragte Gaudí mit diesem grossartigen Urbansationsvorhaben an der Südseite der sogenannten "*Muntanya Pelada*" (kahler Berg). Das Projekt sah ursprünglich die Errichtung von 60 Wohnhäusern auf einem Grundstück, das Eigentum Güells war, vor. Letztendlich wurde dieser Plan jedoch nicht umgesetzt, sondern es wurden lediglich zwei Häuser gebaut, von denen eines von dem Gehilfen Gaudís, Francesc Berenguer, im jahr 1905 entworfen und von Gaudí bezogen wurde. Heute befindet sich darin das **Museum Gaudí**.

Gaudí hatte als Haupteingang zu dieser Wohnsiedlung zwei Gebäude vorgesehen, von denen eines als Wohnung für den Aufseher und das andere als Wartesaat für die Besucher der Siedlung bestimmt war. Eine grosse Freitreppe, die in der Mitte durch einen Brunnen mit einem wasserspuckenden Drachen geteilt wird, führt zum Hauptplatz des Parks. Die Hälfte dieser grossen Plattform wird von 84 dorischen Säulen getragen, welche die Halle bilden, die Gaudí als Marktplatz der Siedlung vorgesehen hatte. Der über dieser dorischen Säulenhalle liegende Platz wird von einer geschlängelten Bank, die mit Keramikstücken in verschiedenen Farben und Formen verkleidet ist, eingerahmt. Ausgehend von diesem Platz kann man den ganzen Park auf seinen Spazierwegen durchstreifen und die Behandlung Bewundern, die Gaudí diesem Werk bis zum kleinsten Winkel zuteil werden liess.

(Mehr Fotos auf Seiten 38 y 39)

U-Bahn: Vallcarca y Lesseps L 3.
Linienbusse: 24, 25, 31, 32, 74

Finca Miralles

Passeig de Manuel Girona, 55-61.
Gebaut im Jahr 1902

Haupttor und Mauer, die von dem Industriellen Hermenegild Miralles i Anglès für die Einfriedung seines Grundstücks im Stadtviertel Sarriä in Auftrag gegeben wurden. Als das Grundstück verkauft wurde, sollten diese Elemente auseinandergebaut und in den *Parc Güell* verlegt werden. Später wurde allerdings entschieden, alles an seinem Originalstandort zu belassen.

U-Bahn: María Cristina L 3.
Linienbusse: 6, 16, 34, 66, 70, 72, 74

Finca Miralles

Casa Batlló

Passeig de Gràcia, 43
Gebaut 1904-1906

Dieses Gebäude befindet sich auf dem *Passeig de Gràcia* in der sogenannten "*Mançana de la discòrdia*" (wörtlich Zankapfel). Dieses Projekt, das von dem Textilfabrikanten Josep Batlló in Auftrag gegeben wurde, bestand in der Renovierung eines typischen in eine Häuserzeile eingebundenen Wohnhauses des neuen Stadtviertels Cerdà, welches im Jahr 1875 entstand. An dem Projekt wirk-

te auch der Architekt Josep M. Jujol mit. Gaudí richtete hier sein besonderes Augenmerk auf den Abschluss und Übergang der Fassade zu den angrenzenden Häusern. Bei der Aufstockung des Gebäudes um ein Geschoss liess er einen zylinderförmigen Turm emporragen, der mit einem vierarmigen Kreuz vollendet wurde. Der bogenförmige Abschluss des letzten Stockwerks überspielt perfekt die unterschiedlichen Höhen der beiden Gebäude. Der untere Teil wurde auseinandergebaut und mit Montjuïc-Gestein wieder neu errichtet, wobei die beeindruckende Tribüne im ersten Stock entstand.

Casa Batlló

Casa Batlló: Detail

Genau in diesem Stockwerk, das als Wohnung für den Eigentümer bestimmt war, kam Gaudís schöpferisches Wirken am deutlichsten zum Ausdruck. Hervorstechend ist die gesamte Inneneinrichtung mit den von Gaudí selbst entworfenen Möbeln, von denen der in die Wand eingemauerte prächtige Kamin mit Sitzgelegenheiten auf beiden Seiten besondere Aufmerksamkeit verdient. An diesem Werk arbeitete Gaudí mit völliger Schaffensfreiheit und prägte es mit seinem eigenen persönlichen Stil. (Mehr Fotos auf Seite 23)

U-Bahn: Passeig de Gràcia L 3.
Linienbusse: 7, 16, 17, 22, 24, 28

Casa Milà, "La Pedrera"

Passeig de Gràcia, 92
Gebaut 1906-1910
Sitz der Kulturstiftung der Sparkasse Caixa de Catalunya

Hierbei handelt es sich um das letzte Wohnhaus, das Gaudí konstruierte. Mit der Casa Milà, bekannter unter der Bezeichnung "La Pedrera" (Steinbruch), wurde er von dem Ehepaar Milà i Camps-Segimon beauftragt. Die grosse Bedeutung dieses Bauwerks kommt darin zum Ausdruck, dass es bereits im Jahr 1909 zum Denkmal erklärt wurde, obwohl es noch gar nicht fertiggestellt war. Die vollkommen geschwungene Fassade ist aus gemeisselten, ungeschliffenen, grobgekörnten Steinen gefertigt und bildet insgesamt gesehen ein Gefüge aus übereinandergebauten Kolonnaden, das auch allein genug Standfestigkeit aufweisen würde. Die grosszügig bemessenen Wohnungen sind entlang der Fassade und rundum die

Casa Milà: Der Foyerzugang

zwei grossen Innenhöfe angeordnet. Die tragwändelose Struktur ermöglichte seinerzeit, dass die Wohnungen ganz nach Wunsch der Hausbewohner aufgeteilt werden konnten. Die Höhenunterschiede, die auf dem Dach entstanden sind, lassen sich auf die Bauweise der Mansarden mit verschieden hohen Parabelbögen zurückführen. Der Zugang zum Dach erfolgt über sechs jeweils unterschiedlich gestaltete Treppenhäuser. Die wendelförmigen Schornsteine sind mit Sektflaschenscherben gekrönt.

Das Gebäude sollte mit einem Heiligenbild aus Bronze vollendet werden, das die Gottesmutter *Mare de Déu del Roser* mit den zwei Erzengeln Michael und Gabriel darstellte. Gaudí liess dieses von Carles Mani entworfene Bild massstabsgerecht (4,5 Meter hoch) aus Gips fertigen. Da es allerdings dem Bauherrn nicht gefiel, wurde es schliesslich nicht angebracht.

(Mehr Fotos auf Seiten 24-25)

U-Bahn: Diagonal, Passeig de Gràcia L 3 y L 5.
Linienbusse: 7, 16, 17, 22, 24, 28

Casa Milà:
Details der Innenhöfe und Schornsteine

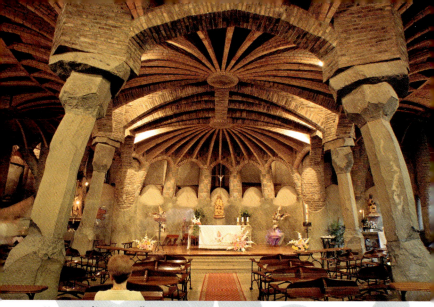

Krypta Colònia Güell

Cellers Güell: Detail

Umgebung Barcelonas

Colònia Güell
(Santa Coloma de Cervelló)

Gemeindebezirk Santa Coloma de Cervelló
Gebaut ab 1898, Krypta 1908-1916

Dieses unvollendet gebliebene Werk Gaudís wurde von Eusebi Güell in Auftrag gegeben, der in der Textilarbeiterwohnsiedlung seines Eigentums eine Kirche errichten lassen wollte. Gaudí brauchte zehn Jahre für die Vorstudie und sechs weitere jähre für den Bau des Teils, der heutzutage besichtigt werden kann. Der Krieg im Jahr 1914 und die Rezession zwangen zur Unterbrechung der Bauarbeiten.

Nahverkehrszüge der Generalitat: Bahnstation Santa Coloma de Cervelló

Cellers Güell (Garraf)

Küstenstreifen von Garraf (Sitges)
Gebäude von 1895

Dieses von Gaudí entworfene Bauwerk wurde seinem Freund und Mitarbeiter Francesc Berenguer zugeschrieben, obwohl die Pläne, die im jahr 1895 bei der Stadtverwaltung von Sitges eingereicht worden waren, sowie die eigenen Aussagen Gaudís erkennen liessen, dass es sicn um ein Werk von Gaudí handelte, das in Zusammenarbeit mit Berenguer ausgeführt wurde.

Anfahrt: Landstrasse C-246 Privateigentum. Bitte Besichtigungsbedingungen erfragen

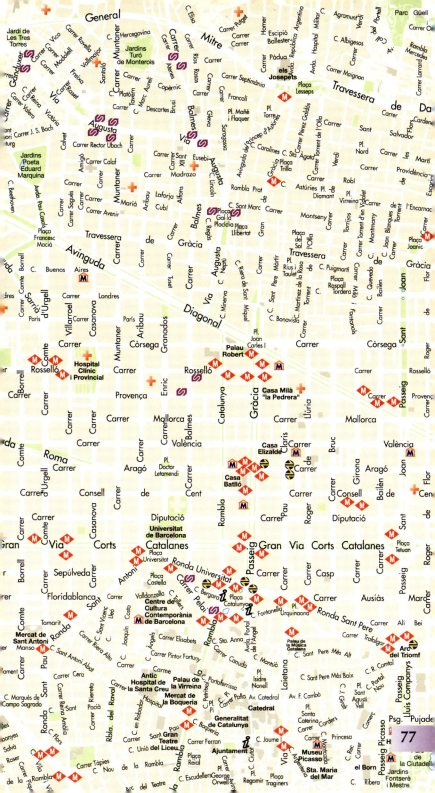

8. Kapitel
El Modernisme

Der Modernismus wird als jene Kunstbewegung definiert, die sich in Katalonien im Zeitraum von 1890 bis 1910 entwickelte und sowohl die Literatur als auch die Architektur, Malerei und Bildhauerei umfasste. Sie unterscheidet sich von ihren europäischen Gegenstücken (*Modern Style* in Großbritannien, *Art Nouveau* in Frankreich, *Jugendstil* in Deutschland...) aufgrund ihrer starken sozialen und politischen Komponente.

Der Modernismus wurde zum Symbol eines reich gewordenen Großbürgertums in einem Land, das nach Jahrhunderten der Dekadenz ein neues Nationalbewusstsein erlangt hatte und eine Zeit des kulturellen und wirtschaftlichen Wiederaufstiegs erlebte, die unter dem Namen *Renaixença* bekannt ist. Die dynamische katalanische Bourgeoisie, die bestrebt war, sich auf gesellschaftlicher Ebene abzuheben, nahm die bahnbrechende Kunst, die den Eklektizismus und den Historismus hinter sich ließ und auf ein reiches Maß an geschwungenen Linien, höchstvollendeten Konturen und auf die Nachbildung der Natur setzte, mit offenen Armen auf.

Barcelona, industrieller Kern des Kataloniens des ausklingenden 19. Jahrhunderts, war der geeignete Schauplatz, auf dem sich der Modernismus in seiner ganzen Pracht entwickeln konnte. Im neuen Stadtviertel Cerdà machten sich auf elegante Weise zahlreiche Gebäude mit wellenförmigen Fassaden, Balkonen und harmonischen Innenräumen breit, die eine schöne, behagliche Stadt entstehen ließen.

Die repräsentativsten Architekten der katalanischen Jugendstilarchitektur waren: *Antoni Gaudí*, *Domènech i Montaner* und *Puig i Cadafalch*, wir kenen schon das Werk von Gaudí, jetzt weden wir die wichtigsten Werke der anderen zwei kennen lernen.

Schmtterlingshaus (carrer Llançà, 20)

Lluís Domènech i Montaner (1850-1923)

Katalanischer Architekt, Historiker und Politiker, der als eine der führenden Figuren des Modernismus angesehen wird. Er wurde in Barcelona geboren und starb dort auch (1850-1923). Anlässlich der Weltausstellung im Jahr 1888 erwarb er weltweiten Ruhm durch den Bau des *Hotel Internacional* (das nach Beendigung der Veranstaltung wieder auseinandergebaut wurde) und des *Café-Restaurant* im *Parc de la Ciutadella*, das als "*Castell dels Tres Dragons*" (Burg der drei Drachen) bekannt ist. Im jahr 1901 wurde er zum Direktor der Architektenschule in Barcelona ernannt. Er war aktives Mitglied verschiedener politischer Parteien wie z. B. die *Lliga de Catalunya* oder *Unió Catalanista*. Als Architekt, der von der Oberschicht bevorzugt wurde, vollbrachte er Werke wie die *Casa Lleó Morera*, den *Palau de la Música*, das *Hospital de Sant Pau*, das Verlagsgebäude *Editorial Montaner i Simon* (seit 1989 *Fundació Antoni Tàpies*), den *Palau Montaner*, die *Casa Thomas*, das *Hotel España* oder die *Casa Fuster*. Diese Bauwerke befinden sich allesamt in Barcelona. In Canet de Mar, wo seine Mutter geboren wurde und er seine spätere Ehefrau kennenlernte, errichtete er u. a. Werke wie die *Casa Roura* und das *Ateneu*. In Reus entwarf er das Institut *Pere Mata*, die *Casa Navàs*, die *Casa Rull* und die *Casa Gasull*.

Hotel España: Details

Casa Lleó Morera
Passeig de Gràcia, 35
Gebaut 1902 - 1906

Dieses im Jahr 1864 errichtete Gebäude wurde später von Domènech i Montaner renoviert. Es befindet sich innerhalb desselben Gebäudekomplexes, der auch die Häuser Casa Amatller und Casa Batllö umfasst und "*Mançana de la discòrdia*" genannt wird (wörtlich Zankapfel, gleichzeitig aber auch ein Wortspiel, weil "mançana" auch Häuserblock bedeutet). Die Inneneinrichtung ist reich an architektonischen Einzelheiten und aufs Höchste vollendeten Dekorationselementen, was auf die Mitwirkung der begabten Meister ihres Faches, die mit

Domènech zusammenzuarbeiten pflegten, zurückzuführen ist. Hervorzuheben sind in diesem Zusammenhang der Bildhauer Eusebi Arnau, die Kunsttöpfer Serra und Maragliano, die von Rigalt und Granell gefertigten zauberhaften Glasfenster an der Hinterfront oder die Möbel des Dekorateurs und Kunsttischlers Gaspar Homar. Im Jahr 1989 übernahmen Carlos Bassó und Oscar Tusquests die Renovierung des Gebäudes, das teilweise sein ursprüngliches Erscheinungsbild, das im Jahre 1943 verloren gegangen war, wiedererlangte.

U-Bahn: Passeig de Gràcia L 2, L 3.
Linienbusse: 7, 16, 17, 22, 24, 28
Privateigentum.
Keine Besichtigung möglich.

Palau de la Música

Amadeo Vives, 1 / Sant Francesc de Paula, 2
Gebaut 1905-1908
Weltkulturgut (UNESCO) seit 1997. Sitz des katalanischen Gesangsvereins "Orfeö Catalä"

Es handelt sich hierbei um einen Auftrag des katalanischen Gesangsvereins Orfeó Catalá an Domènech i Montaner, dem es gelang, mit diesem beeindruckenden Bauwerk eines der emblematischsten Gebäude des katalanischen Modernismus zu errichten. Bei einem Spaziergang entlang der Außenseite kann man Skulpturen, Keramikarbeiten und Glasfenster entdecken und bewundern, die dieses Gebäude, das in Sichtbauweise gehalten ist, schmücken: die mit Keramik verzierten Säulen, von denen keine den anderen gleicht, die Büsten der Komponisten Palestrina, Bach, Beethoven und Wagner sowie die

Gebäudeecke, die mit einer Skulpturengruppe von Miquel Blay dekoriert ist. Im Inneren wird der Betrachter von der Schönheit des großen Auditoriums, das für mehr als 2000 Personen Platz bietet, überrascht. Hervorzuheben ist auch die imposante Glaskuppel, die den Saal krönt; die Skulpturengruppen von Pau Gargallo, die sich über das Bühnenbild hinwegziehen; das aus Keramik gefertigte Wappen Kataloniens und die große Orgel, die die Bühne beherrschen, neben einer Gruppe von weiblichen Figuren mit Keramikkörpern von Lluís Bru sowie die von Eusebi Arnau gemeißelte Büste. Ausgezeichnet von der Stadtverwaltung im Jahr 1908 als bestes Gebäude des Jahres. Die Renovierung und Erweiterung des Gebäudes, die im Jahr 1983 erfolgte, fand unter der Leitung von Oscar Tusquets statt. Derzeit ist ein weiterer, sehr bedeutender Erweiterungsbau im Gange.
(Mehr Fotos auf Seiten 30-31)

U-Bahn: Urquinaona L1, L4.
Linienbusse: 17, 19, 40, 45
Bitte Besichtigungsbedingungen erfragen.

Palau de la Música: Órgel

Hospital de la Santa Creu i de Sant Pau

Sant Antonio Maria Claret, 167
Gebaut 1902-1930
Weltkulturgut (UNESCO) seit 1997
Monumento Histórico Artístico (das Historische Künstlerische Denkmal) seit 1998

Dieser Krankenhauskomplex wird als bester modernistischer Gebäudeblock der Stadt angesehen. Er besteht aus 24 Hallen, die von großzügig bemessenen Grünzonen umgeben sind und eine Fläche von zehn Hektar im Stadtviertel Guinardó einnehmen. Alle Hallen sind durch ein Geflecht von unterirdischen Gängen miteinander verbunden, die insgesamt mehr als einen Kilometer lang sind. Diese wunderschönen Hallen sind mit einer großen Anzahl von Bildhauerwerken von Pau Gargallo und Eusebi Arnau sowie Malereien und Keramikarbeiten von Labarta und Maragliano dekoriert. Domenech i Montaner realisierte lediglich die Zugangshalle und die acht Hallen, die dieser am nächsten liegen; die restlichen wurden von seinem Sohn fertiggestellt.
(Mehr Fotos auf Seiten 28-29)

U-Bahn: Hospital de Sant Pau L 5. Linienbusse: 15, 19 20, 25, 35, 45, 47, 50, 51, 92

Hospital de Sant Pau
Man kann den äußeren Teil besichtigen

Casa Thomas

Casa Thomas (*Mallorca, 293*). Gebaut von 1895 bis 1898. Besaß ursprünglich nur ein Erdgeschoss und ein einziges Obergeschoss als Werkstatt und Wohnung für den Eigentümer. Es wurde im Jahr 1912 von F. Guardià aufgestockt.

Hospital de Sant Pau: Detail

81

Fundació Antoni Tàpies

Editorial Montaner i Simon (*Carrer Aragó, 255*). Gebaut von 1881 bis 1886. Wurde im Zeitraum von 1986 bis 1990 renoviert und in den Sitz der Stiftung Fundació Antoni Tàpies umgewandelt.

Café-restaurante el Castell dels Tres Dragons (*Parc de la Ciutadella*). Gebaut im Jahre 1888 anlässlich der Welttausstellung. Sitz des Zoologischen Museums.

Zoologisches Museum Café-restau-rante el Castell dels Tres Dragons

Casa Eduardo S. de Lamadrid

Casa Eduardo S. de Lamadrid (*Carrer Girona, 113*). Gebaut im Jahre 1902. Typische "Eixample"-Fassade, bei der die reliefartig eingearbeiteten Sonnenblumen und Knospen hervorstechen.

Casa Fuster (*Passeig de Gràcia, 132*). Gebaut von 1908 bis 1911.Fassade im neugotischen Stil.

Palau Ramon de Montaner (*Carrer Mallorca, 278*). Gebaut von 1889 bis 1893. Sitz der Regierungsdelegation. Die drei Gebäude sind Privateigentum und können nicht besichtigt werden.

*Die in ein Hotel verwandelte
Casa Fuster*

Palau Ramon de Montaner

Josep Puig i Cadafalch
(Mataró 1867 - Barcelona 1957)

Architekt, Archäologe, Kunsthistoriker und politischer Aktivist. Er war der letzte der Architekten des katalanischen Modernismus. Unter seiner Leitung entstand die *Casa Martí* (1895), in deren Erdgeschoss das *Café-Restaurant Els Quatre Gats* untergebracht ist. Er war Mitglied des Stadtrates von Barcelona und Provinziaiabgeordneter und gehörte der Partei *Lliga de Catalunya* an. Nach dem Tod von Prat de la Riba übernahm der im Jahr 1917 den Vorsitz des Gemeindeverbandes von Katalonien. Einige seiner Werke sind die *Casa Macaya* (1899), die *Casa Amatller* (1900), die *Casa Terrades* (1903), die *Casa Serra* (1903), der *Palau Baró de Quadras* (1904) und die *Fàbrica Casaramona* (1911), Ausstellungszentrum der Sparkasse "*la Caixa*", die sich allesamt in Barcelona befinden. Für die Weltausstellung 1929 entwarf er ein Projekt, das die Errichtung verschiedener Messepaläste in den Bergen von *Montjuïc* vorsah, von denen allerdings nur zwei tatsächlich fertiggestellt wurden. Hervorzuheben ist auch die *Casa Gari* in Argentona, die Wein- und Sektkellerei *Caves Codorniu* in Sant *Sadurní d'Anoia* und die *Casa Coll i Regàs* in Mataró. Josep Puig i Cadafalch zog sich im Alter von 54 Jahren von der Politik zurück.

Casa Amatller
Passeig de Gràcia, 41
Renoviert 1898-1900
Sitz des Institut Amatller d'Art Hispänk

Das im Jahr 1875 errichtete Gebäude wurde für seinen neuen Eigentümer, den Schokoladenhersteller Antoni Amatller, renoviert. Cadafalch gelang es, diesem Mehrfamilienhaus das Erscheinungsbild eines kleinen Schlosses für eine einzige Familie zu verleihen, wobei er einen gewissen neugotischen Stil einfließen ließ.
In der Nobeletage ist das AmatllerInstitut für spanische Kunst untergebracht.
(Mehr Fotos auf Seite 22).

*U-Bahn: Passeig de Gràcia L 2, L 3.
Linienbusse: 7, 16, 17, 22, 24, 28,
Privateigentum. Keine Besichtigung
möglich.*

Casa Amatller: Treppe Der Foyerzugang

Casa Terrades (Les Punxes)

Diagonal, 416-420 / Rosselló, 260-262 / Bruc, 141-143
Gebaut 1903-1905

Eines der gewaltigsten Gebäude der damaligen Zeit. Sein Anblick erinnert an eine mittelalterliche Burg. In den sechs hohen Türmen (daher "Les Punxes", etwa: Die Stacheln) sind klare Bezüge zur Zivitgotik zu erkennen. Hervortretende Merkmale sind die Balkone und Tribünen sowie die Keramiktafetungen, die den Abschluss einer jeden Fassade bilden. Ehrenvolle Erwähnung seitens der Stadtverwaltung im Jahr 1905. Dank der kürzlich erfolgten Restaurierung aller seiner Fassaden und Türme erstrahlt das Gebäude wieder in alter Pracht.

U-Bahn: Verdaguer, Diagonal L4-5. Linienbusse: 6, 15, 20, 33, 34, 39, 45, 47
Privateigentum.

Casa Serra
(*Rambia Catalunya, 126*). Gebaut von 1903 bis 1908. Renovierungsarbeiten unter der Leitung von Milá und Correa im Jahr 1987. Sitz der Diputació de Barcelona.

Palau Baró de Quadras
(*Avinguda Diagonal, 373 / Carrer Roselló, 279*). Gebaut von 1904 bis 1906. Sitz des Casa Asia.

Casa Macaya
1899-1901 (*Passeig de Sant Joan, 108*). Kulturzentrum der Sparkasse "la Caixa".

Palau Baró de Quadras

Casa Terrades (Les Punxes)
Detail

Casa Macaya

Andere Architekten

Enric Sagnier i Villavecchia (1858-1931)

Von ihm stammen mehr als 25 modernistische Gebäude in der Gegend des sogenannten Eixample de Cerdà.

Casa Llopis Bofill

Antoni Gallissà i Soqué (1861-1903)

Die Casa Llopis Bofill (*Carrer Bailen, 113*) gebaut im Jahr 1902, war sein bedeutendstes Werk. In den dekorativen Details ist der Einfluss von Domènech i Montaner wiederzuerkennen.

Salvador Valeri i Pupurull (1873-1954)

Interessant zu sehen ist die Casa Comalat (*Diagonal, 442-Còrsega. 316*), gebaut von 1909 bis 1911.

Hervorzuheben ist auch die Casa Planells (*Diagonal, 332*), die von 1923 bis 1924 von **Josep Maria Jujol** gebaut wurde und als letztes Werk der modernistischen Architektur betrachtet wird.

Casa Planells

Casa Comalat, Còrsega 316

Casa Comalat, Diagonal 442

Casa Terrades (Les Punxes)

Dekorative Objekte

Der Modernismus brachte nicht nur die Errichtung von Gebäuden mit sich, sondern wurde auch für dekorative und künstlerische Ausstattungszwecke verwendet. Die Kunsthandwerker der damaligen Zeit, die eng mit den Architekten zusammenarbeiteten, verstanden etwas von der Dekoration gewerblicher Einrichtungen wie Bäckereien, Konditoreien, Apotheken, Cafés und Restaurants, wobei sie auf die seinerzeit zur Verfügung stehenden Materialien wie Eisen, Holz, Glas oder Keramik zurückgriffen.

Die Werkstattschule, die von den Architekten Domènech i Montaner und Antoni M. Gallissà im *Castell dels Tres Dragons* (Burg der drei Drachen) nach Beendigung der Weltausstellung 1888 ins Leben gerufen wurde, diente als Forschungsund- und Erprobungsstätte für Materiale und Techniken. Bekannte Persönlichkeiten wie der Kunsttischler Gaspar Homar, der Kunsttöpfer Jaume Jujol oder der Fachmann auf dem Gebiet der Zierglasfenster Antoni Rigalt waren zu Gast in dieser Schule. Noch heute sind in Barcelona Orte zu finden, an denen modernistische Geschäfte bewundert werden können. Die Rambla ist einer dieser Orte. In der Hausnummer 74 befindet sich das *Café de l'Òpera*, in der Hausnummer 83 die *Antiga Casa Figueres* (Konditorei Escribà), in der Hausnummer 91 der *Mercat de la Boqueria* und in der Hausnummer 121 die Apotheke Nadal bzw. *Antiga Farmàcia Dr. Masó Arumí*. In der Straße Montsió Nr. 5 ist noch das *Café-Restaurant Els Quatre Gats* von Puig i Cadafalch erhalten geblieben, das ein Treffpunkt für Künstler wie R. Casas, S. Rusiñol und Picasso war. Weitere interessante Sehenswürdigkeiten sind die Bäckerei *Panadería Sarret* (*Carrer Girona, 73*), die Apotheke *Farmàcia Bolós* (*Rambla Catalunya, 77*) und die *Casa Ramon Casas* (*Passeig de Gràcia, 96*), ehemaliger Wohnsitz des Malers Ramon Casas. Ein Teil der Originaldekoration kann in dem Geschärt *Vinçon* besichtigt werden, das im Erdgeschoss und im ersten Stock des Gebäudes untergebracht ist. Wenn man in einem modernistischen Ambiente übernachten oder speisen möchte, kann man sich zum *Hotel España* (*Carrer Sant Pau, 9*) aus dem Jahr 1903 begeben, das von Domènech i Montaner dekorativ gestaltet wurde. Im Restaurant dieses Hotels kann ein gewaltiger Kamin, der von Eusebi Arnau aus Alabastermarmor gemeißelt wurde, sowie eine Reihe von Meeresmotiven von Ramon Casas bewundert werden. Die Stadtverwaltung verlieh diesem Hotel im Jahr 1903 die Auszeichnung als bestes gewerbliches Gebäude.

Cafè de l'Òpera

Els Quatre Gats

Hotel España: Kamin ▶

Möbel - Schmuckstücke

Gaspar Homar und *Joan Busquets* waren die repräsentativsten Kunsttischler des Modemismus. Homar wirkte an Bauwerken wie der *Casa Lleó Morera*, der *Casa Amatller* oder dem *Palau Montaner* mit. Die modernistische Goldschmiedekunst hatte ihren Ursprung Anfang des 20. Jahrhunderts. Der wichtigste Künstler dieses Faches war in Katalonien *Lluís Masriera*. Diese Schmuckstücke sind in der Casa Bagués, im Erdgeschoss der *Casa Amatller* und in *Rambla, 105* (Juweliergeschäft "El Regulador") zu sehen, wo die Originalmodelle von Masriera aufbewahrt werden.

Gaudí: Bank

Lluís Masriera: Schmuckstück

Casa Ramon Casas: Kamin
Vinçon, Passeig de Gràcia, 96

Malerei Bildhauerei

Im Bereich der dekorativen Künste wie Malerei und Bildhauerei gab es auch einige Künstler, die Pionierarbeit geleistet haben. Bei der Malerei stechen *Ramon Casas* (1866-1932) und *Santiago Rusiñol* (1861-1931) hervor, die gut befreundet waren und gemeinsam den langen, schweren Weg der Malkunst beschritten. Einige ihrer Werke sind in dem *Museu Nacional d'Art de Catalunya* in Barcelona oder in *Cau Ferrat* in Sitges zu sehen. Auf dem Gebiet der Bildhauerei gab es einige katalanische Künstler, die unter dem Einfluss Rodins die modernistische Formgebung in ihren Werken zum Ausdruck brachten. Aufgrund der Bedeutung ihrer Arbeiten treten *Josep Llimona* (Bildhauerwerk "Desconsol", etwa: Die Betrübnis), *Enric Clarasó* (Eva), *Miquel Blay* (Volkslied des Palau de la Música) sowie *Eusebi Arnau* und *Pau Gargallo* (Palau de la Música, Hospital de Sant Pau u.a.m.) hervor.

Ramon Casas
Privatsammlung

Josep Llimona: Desconsol

Apotheke Bolós (Rambla Catalunya, 77)

9. Kap.:
Barcelonas Touristischer Bus
Nördliche Route - Rote Linie - Haltestellen

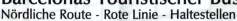

Plaça de Catalunya
CCCB Centre de Cultura Contemporània de Barcelona - Gran Teatre del Liceu - La Rambla - MACBA Museum für zeitgenössische Kunst - Markt de la Boqueria - Museum der Erotik - Palau de la Música Catalana.

Casa Batlló-Fundació Antoni Tàpies
Casa Amatller - Casa Batlló - Casa Lleó Morera Fundació Antoni Tàpies

Passeig de Gràcia-La Pedrera
Casa Les Punxes - Casa Milà "La Pedrera" - Fundació Francisco Godia - Ägyptisches Museum - Casa Asia

Sagrada Família
Avinguda Gaudí - Hospital de la Santa Creu i Sant Pau - Temple de la Sagrada Família Touristische Information

Gràcia
Casa Fuster - Casa Vicenç - Cases Ramos - Plaça del Diamant - Plaça Rius i Taulet

Parc Güell
Casa Museu Gaudí
Parcs i Jardins de Barcelona
Parc Güell

Tramvia Blau-Tibidabo
CosmoCaixa (Museum der Wissenschaft) Funicular del Tibidabo - Parque de Atracciones Tibidabo - Parc de la Font del Racó - Parc de la Tamarita - Tramvia Blau (die blaue Straßenbahn)
Sarrià
Col·legi de les Teresianes - Markt Municipal - Plaça Consell de la Vila - Portal Casa Miralles

Monestir de Pedralbes
Parc de l'Oreneta
Museum des Kloster von Pedralbes

Palau Reial-Pavellons Güell
Jardines del Palau Reial de Pedralbes - Keramikmuseum - Museum für dekorative Künste - Parc de Cervantes - Pavellons Güell

Futbol Club Barcelona

Museum des Fútbol Club Barcelona - Eislaufbahn - Reial Club de Polo - Zona Universitaria (Universitätszone)

Francesc Macià-Diagonal

Turó Parc
Shopping
L'Illa Diagonal

MACBA-CCCB

Antikes Krankenhaus von Santa Creu - CCCB Centre de Cultura Contemporània de Barcelona - MACBA Museum für zeitgenössische Kunst - Universitat Central de Barcelona

© Copyright by TURISME DE ◆◆◆ BARCELONA

Barcelonas Touristischer Bus
Südliche Route - Blaue Linie - Haltestellen

Plaça de Catalunya
CCCB Centre de Cultura Contemporània de Barcelona - Gran Teatre del Liceu - La Rambla - MACBA Museum für zeitgenössische Kunst - Markt de la Boqueria - Museum der Erotik - Palau de la Música Catalana.

Casa Batlló-Fundació Antoni Tàpies
Casa Amatller - Casa Batlló - Casa Lleó Morera Fundació Antoni Tàpies

Passeig de Gràcia-La Pedrera
Casa Les Punxes - Casa Milà "La Pedrera" - Fundació Francisco Godia - Ägyptisches Museum - Casa Asia

Francesc Macià-Diagonal
Turó Parc
Shopping
Tranvías-Die Straßenbahn

Estació de Sants
Touristische Information - Parc de Joan Miró - Parc de l'Espanya Industrial - Plaça dels Països Catalans - Ausfahrten nach Port Aventura

Plaça d'Espanya
Fira de Barcelona
Ausfahrten nach Montserrat
Tren Turístico (Touristischer Zug) von Montjuïc

CaixaForum-Pavelló Mies van der Rohe
CaixaForum
Font Màgica de Montjuïc (besuchen kann)
Pavillon der Mies van der Rohe

Poble Espanyol
Poble Espanyol

MNAC
Ethnologisches Museum
MNAC, Nationales Kunstmuseum Kataloniens
Archäologisches Museum

Anella Olímpica
Estadi Olímpic
Galería Olímpica (Olympische Galerie)
Botanischer Garten
Palau Sant Jordi - Piscines Picornell

Fundació Joan Miró

Fundació Joan Miró

Funicular de Montjuïc

Castell de Montjuïc
Funicular de Montjuïc
Die Gärten Jacint Verdaguer
Piscines de Montjuïc

Miramar-Jardins Costa i Llobera

Vista panorámica
Die Gärten von Mossèn Costa i Llobera
Miramar, Montjuïc

World Trade Center

Transbordador Aéreo

Colom-Museu Marítim

Centre d'Art Santa Mònica - Gran Teatre del Liceu - Touristische Information - Las Golondrinas Mirador de Colom - Schiffahrtsmuseum - Wachsfigurenmuseum - Palau Güell - Plaça Reial

Port Vell

Cine IMAX
L'Aquàrium
Maremagnum

Museu d'Història de Catalunya

Moll de la Barceloneta
Museum der katalanischen Geschichte
Palau de Mar

Port Olímpic

Casino de Barcelona
Parc del Litoral
Torres Olímpicas (Hotel Arts y Torre Mapfre)
Neue Strände
Port Olímpic

Parc de la Ciutadella-Zoo

Estació de França - Cascada - Hivernacle
Museo für Geologie - Museu für Zoologie
Umbracle - Zoo

Pla de Palau

Basílica de Santa Maria del Mar
Museu Barbier Mueller für präkolumbinische Kunst
Museu Picasso - Textil- und Kleidungsmuseum

Barri Gòtic

Ajuntament - Catedral - Gran Teatre del Liceu - Monumentaler Komplex der Plaça del Rei - Museus d'Història de la Ciutat, de l'Eròtica, Frederic Marès - Palau de la Generalitat - Palau de la Música Catalana - Palau de la Virreina

10. Kap.: Reiseroute 1

Plaça Catalunya - Colom

In diesen Reiserouten werden wir die interessantesten Sehenswürdigkeiten beschreiben und uns dabei auf den Kapitel oder die Seite beziehen, wo man mehr Information zum Thema erhalten kann (Fotos, Museen, usw.).

Plaça de Catalunya, Bus Turístico

Der touristische Bus (*Bus Turístico*) hält am *Plaça Catalunya* an, und von dort aus beginnt diese Tour. Die Rambles (Seite 35) haben ihr eigenes Leben und einen besonderen Reiz, man kann da alles finden: Von Gebäuden großer architektonischer Bedeutung bis zu Museen, lebenden Statuen, Künstlern, Blumenständen, Vögeln, Restaurants, sowie eine Unmenge an Sachen, mit denen wir uns den ganzen Tag beschäftigen können.
Am Anfang unserer Tour finden wir den Brunnen **Font de**

Plaça de Catalunya

Canaletas. Die Legende sagt: "*Wenn Du von diesem Wasser trinkst, wirst Du nach Barcelona zurück kommen*". An diesem Punkt können wir eine Abzweigung nach rechts machen, um das Gebiet des alten Wohltätigkeitshauses **Casa de la Caritat** (Seite 49), das **MACBA** und das **Centre de Cultura Contemporània de Barcelona** (Seiten 15 und 58) zu besichtigen, oder nach links die Straße *Carrer Canuda* runter laufen, bis man am **Necrópolis** vom *Plaça Villa de Madrid* (Seite 42) landet.
Wenn wir aber weiter auf den *Rambles* bleiben möchten, gehen wir rechts am **Teatro Poliorama** vorbei, welches ein Teil des Gebäudes von *Real Academia de Ciencias y Artes* ist. An der Kreuzung mit der Straße *Carrer del Carme* befindet sich die Kirche **Iglesia Barroca de Belén**, das alte Jesuitenkloster, und an der Ecke mit *Carrer Portaferrissa*, am anderen Ende der *Rambles*, der **Palau Moja** (*Rambles, 118*). Ein bisschen weiter unten finden wir den Markt **Mercat de la Boqueria** (Seiten 34 und 61). Wir empfehlen Ihnen einen Besuch seiner Obst- und Gemüseständen. Vorher werden wir noch am **Palau de la Virreina** vorbei gehen, der 1941 zum historischen künstlerischen Denkmal von nationaler Bedeutung erklärt wurde. Wenn wir am *Placeta de*

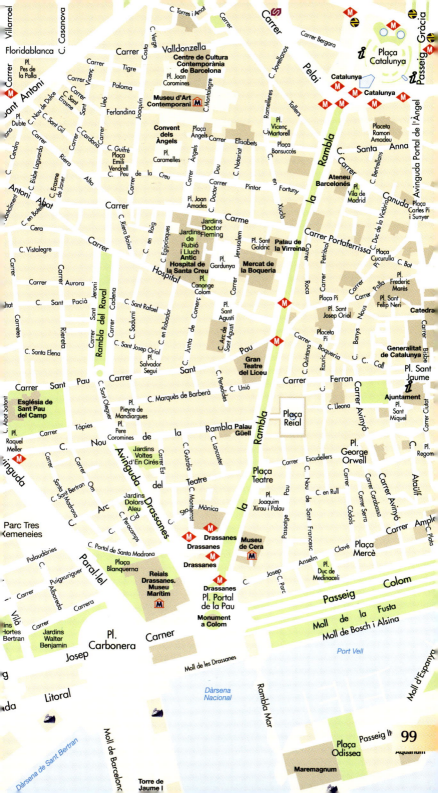

Mehrfarbiges Straßenpflaste

la Boqueria ankommen, finden wir dort die **Casa Bruno Quadros** (Seite 34) und ***mehrfarbiges Straßenpflaste***r, das von Joan Miró 1977 entworfen wurde. In *Rambles 74* befindet sich das **Café de l'Òpera** (Seite 88), und auf dem Bürgersteig gegenüber das Gran **Teatre del Liceu** (Seite 14).
Vor hier aus können wir auch die *Rambles* verlassen und in die Straße *Carrer de Sant Pau* rein zu gehen, um Barcelonas charakte-

ristischste Beispiel für Romanik, die Kirche *Església* **de Sant Pau del Camp** (*Carrer Sant Pau, 99*, Seite 46), zu besichtigen. Das Kloster wurde vom Graf Guifré Borell zwischen den Jahren 897 und 911 gegründet, die Kirche stammt aus dem Anfang des 12. Jahrunderts und der Kreuzgang aus dem 13. Jahrhundert. Sie wurde zum nazionalen Denkmal genannt.
Bevor wir zu dieser Kirche gelangen, gehen wir noch an zwei Jugendstilhotels vorbei: *Hotel*

Església de Sant Pau del Camp

Sant Pau del Camp: Claustre

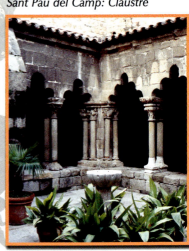

España (*Sant Pau, 9*, Seiten 34, 79 und 88) und *Hotel Peninsular* (*Sant Pau, 32-34*). Auf dem Weg dahin sehen wir **Rambla del Raval**, einen riesigen Mehrzweckplatz, der dem Stadtviertel das Leben gegeben hat.

Wenn wir zurück zu den *Rambles* gehen und den Weg zum Hafen weiter folgen, finden wir auf der linken Seite die berühmte Straße *Carrer Ferran*. Wenn wir diese entlang gehen, kommen wir an der **Plaça Sant Jaume** an, wo sich der **Palau de la Generalitat** y el **Ajuntament** (der Sitz der autonomen katalanischen Regionalregierung) (Seiten 32 und 46) befindet. Wenn wir aber weiter auf den *Rambles* bleiben, sehen wir links die **Plaça Reial** (Seiten 32, 69 und 70), die sich jeden Sonntag in einen kleinen belebten Markt für Münzen- und Briefmarkensammler verwandelt. Am anderen Ende von den *Rambles*, in der Straße *Nou de la Rambla Nr. 3-5* befindet sich der

Palau Güell (Seiten 33, 69 und 70), eins der wichtigsten Werke von Antoni Gaudí.

Wir kommen schon zum Ende des Spaziergangs an der Plaça del Teatre, wo wir das **Monumento a Pitarra** finden, ein bisschen weiter auf der rechten Seite steht das **Centre d'Arte Santa Mónica** (Seite 59) und auf der linken Seite das **Museu de Cera**.

Wir kommen zum **Monumento a Colom** (Kolumbusdenkmal) und können von hier aus wieder in den **Bus Turístico** einsteigen, der uns zum anderen der vielen Ziele ihrer Reiseroute bringen wird.

Mirador de Colom

Monumento a Pitarra
Plaça del Teatre

101

Puerto de Barcelona

Reiseroute 2:

Frente Marítimo

Wenn wir am Hafen erholt ankommen möchten, können wir es mit dem *Bus Turístico* machen, der seine Haltestelle "Colom-Museu Marítim" vor dem *Monumento de Colón* hat (Seite 101). Das erste, was wir machen können, um das Gebiet, in dem wir uns befinden, kennen zu lernen, ist zum Aufsichtspunkt des Denkmals hoch zu gelangen. Ein Aufzug wird uns auf die 60 m Höhe bringen, von der wir einige wunderbare Aussichten von Barcelona genießen können, wenn der Tag hell und sonnig ist. Dieses Werk wurde von Buigas für die Weltausstellung von 1888 entworfen. Wenn wir wieder unten sind, begeben wir uns zur Plaça del Portal de la Pau, an der sich die *Drassanes Reials* (die Königlichen Werften) befinden. Las *Drassanes* sind die größten gotischen Schiffswerften,

die man zur Zeit in Europa finden kann. Sie wurden zwischen 1285 und 1348 gebaut und zwischen 1370 und 1380 erweitert. In ihrem Inneren befindet sich das *Museu Marítim* (Seiten 47 und 58).

Galeere von Johann von Austria

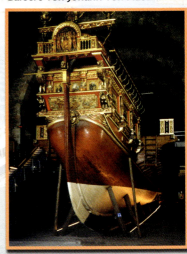

El Cap de Barcelona

Auf dem Rückweg können wir eine kleine Kreuzfahrt mit den *Golondrines* (Motorbooten) machen. Es gibt dafür verschiedene Möglichkeiten, und der Blick aus dem Meer auf Frente Marítimo bietet viel Sehenswertes (Seiten 7, 10 und 52).

Von diesem Hafengebiet erreichen wir das *Maremàgnum* über die *Rambla de Mar*, einen mobilen Fußgängerübergang aus Holz, der den Hafen mit diesem riesigen Vergnügungszentrum verbindet, in dem wir Geschäfte, Restaurants, Discos, ein Multiplexkino, das *IMAX*-Kino mit Riesenleinwänden und das *Aquàrium* finden (Seiten 8, 9 und 58).

Wenn wir duch den *Moll de la Fusta* (den Kai von Bosch und Alsina) spazieren, sehen wir originelle Skulpturen, wie z.B. *Gamba de Mariscal*, die auf einer Holzpergola steht oder die Skulptur El *Cap de Barcelona* von Roy Lichenstein. Wir sehen auch die Sportflotte von *Club Nàutic* und *Club Marítim*, und auf der anderen Seite der Promenade

kommen wir über die Straße Louis Braille zur Kirche *Església de la Mercè* (Seite 52), die sich auf die Schutzheilige von Barcelona, die Jungfrau von Mercè beruft. Wenn wir zurück zum *Passeig de Colom* gehen, kommen wir an der *Plaça Antoni López* gegenüber vom Gebäude von *Correus* (Post) an. Von hier aus können wir entweder rechts über *Avda. Marquès de l'Argentera* oder Richtung *Moll de la Barceloneta* weiter gehen.

La Gamba de Mariscal

103

Die erste Wahlmöglichkeit werden wir für die dritte Reiseroute lassen. Wir richten uns jetzt auf den *Moll de la Barceloneta*, und das erste wichtige Gebäude, die auf dem Weg liegt, ist der **Palau del Mar**, der das **Museu d'Història de Catalunya** beherbergt (Seite 55). Wenn man von hier aus durch den *Moll de la Barceloneta* geht, kommt man am *Moll del Rellotge* an, wo man den Uhrenturm **Torre del Reloj** findet. Nach ein paar Schritten weiter geht man am Institut de *Ciències del Mar* vorbei und gelangt zum Turm **Torre de Sant Sebastià**, von dem aus man mit der Seilbahn in einer kurzen Zeit Miramar Gärten auf dem Berg Montjuïc erreichen kann. Man hat dann einen Zwischenaufenthalt auf dem *Moll de Barcelona* und kann das **World Trade Center** besichtigen. Die andere Möglichkeit wäre, zu **Barceloneta**, dem traditionellen und Seemann- und Fischerviertel zurück zu gehen. Dort findet man eine Menge gute *Restaurants*, in denen man Fisch und Gerichte aus Meeresfrüchten und Reis kosten kann. Von dort aus gehen wir durch die Strände und den **Passeig Marítim** de la Barceloneta, am **Parc de la**

Transbordador aeri

Barceloneta und dem **Torre de les Aigües** (Wasserturm) vorbei und fast, ohne es zu merken, haben wir den **Port Olímpic** (Seiten 5 und 6) erreicht. Hier können wir el *Casino de Barcelona*, el *Parc del Litoral*, las *Torres Olímpicas* (Olympische Türme) und la *Vila Olímpica* (das ehemalige olympische Dorf und ein Wohnviertel) besichtigen, sowie die Strände von *Nova*

Icària, Bogatell, Mar Bella und Nova Mar Bella, insgesamt sechs Kilometer Strände, welche die Stadt Barcelona für die Stadteinwohner dank der Olympischen Spielen von 1992 einrichtete.

Von der Haltestelle des Touristischen Buses am Port Olímpic können wir uns Richtung **Parc de la Ciutadella** oder Pla de Palau bewegen. Dieses Gebiet werden wir in der Reiseroute 3 beschreiben.

Neue Strände

"Golondrines": Rundfahrten im Inneren des Hafens seit 1888

Reiseroute 3

Parc de la Ciutadella- Barri de Ribera

Der *Bus Turístico* wird uns am Passeig de Picasso gegenüber dem *Parc de la Ciutadella* rauslassen. Auf dieser Straße befindet sich eine Skulptur aus Glas, die von Antonio Tàpies 1983 zu Ehren von Picasso geschaffen wurde.

El Parc de la Ciutadella war früher eine alte Militärfestung, die in einen öffentlichen Garten verwandelt wurde, nach dem Projekt, das von Josep Fontseré anlässlich der Weltausstellung von 1888 durchgeführt wurde. In seinem Inneren haben wir verschiedene interessante Sachen und Museen, die man besichtigen kann. Der *Zoo*, besonders, wenn man mit Kindern hingeht, mit dem Springbrunnen "*Dama del Paraguas*" (die Dame mit dem Regenschirm); el *Museu de Zoologia* (Zoologisches Museum) (Seiten 21 und 82); el *Hibernáculo*; el *Umbráculo*; die Skulptur "*El Desconsol*" (Traurigkeit), das Werk von Josep Llimona, das 1903 entstand und sich im Teich vor dem *Parlament von Katalonien* befindet (Seite 19); und der Springbrunnen *Fuente de la Cascada*, an dem der junge

Zoo, torres Olímpicas

Antoni Gaudí im Rahmen des Projekts von Fonseré mitarbeitete. Der Ausgang durch das nördliche Tor des Parks führt zum *Passeig Lluís Companys*, der mit dem *Arc de Triomf* endet (Seite 20).

Wenn wir den Ausgang von *Avda. Marquès de l'Argentera* nehmen, werden wir zum *Pla de Palau* gelangen, auf der linken Seite bleibt der Bahnhof *Estació de França*. Auf diesem Platz befindet sich das Gebäude Edificio de la *Llotja* (Seite 51), das zwischen 1380 und 1392 gebaut wurde. Es wurde 1931 zu einem historischen Denkmal nationaler Bedeutung erklärt

Fuente de la Cascada: Detail

Triumphbogen: Detail

Estació de França: Der Foyerzugang

und zur Zeit hat die Academia de Bellas Arts de Sant Jordi dort ihren Sitz. Von dort aus kommen wir über die Straße *Carrer de Canvis Vells* an der **Iglesia de Santa María del Mar** im Viertel **Barrio de Ribera** an (Seiten 42 und 43). Sie gilt als beendruckendster gotischer Tempel Barcelonas. Der Bau begann 1329 in der Regierungzeit von Alfons III "dem Gütigen" und dauerte 55 Jahre. Der Besuch dieser Kirche darf nicht fehlen. Weiter gehen wir durch die Straße *Carrer de Santa Maria* am Denkmal "**Fossar de les Moreres**" vorbei (Seite 43) und gelangen zum *Passeig del Born*. An dessen Ende findet man den alten Markt **Antic Mercat del Born**, ein Projekt von Josep Fontseré, das 1874 durchgeführt wurde. Zur Zeit kann man die römischen Ruinen besichtigen, die im Untergrund entdeckt wurden, als die Bauarbeiten an einer großen Bibliothek in seinem Inneren begannen (Seite 59). Die meisten Paläste und

Herrenhäuser, die im Zeitraum zwischen dem 15. und 18. Jahrhundert gebaut wurden, konzentrieren sich im Stadtviertel Barrio de la Ribera. Ein gutes Beispiel dafür ist die Straße **Montcada**. Zwischen dem *Passeig del Born* und der Straße *Carrer Princesa* findet man folgendes: **Casa Cervelló** (Nr. 25), la **Galería Maeght**; el **Palau Dalmases** (Nr. 20), den Sitz von **Òmnium Cultural**, el *Palau dels Marquesos de Lió* (Nr. 16), den Sitz des **Museu Tèxtil i de la Indumentària**; el *Palau Nadal* (Nr. 14) mit dem **Museu Barbier-Mueller d'Art Precolombí** (Museum der vorkolumbischen Kunst); das **Picasso-Museum**, das infolge seiner letzten Erweiterung die Paläste **Berenguer d'Aguilar**, del *Baró de Castellet*, de **Meca Mauri** y Finestres besetzt; das Haus Nr.1 in dieser Straße ist la **Casa de la Custodia** (Kapitel 5 - Die Museen, Seite 55).

La Dama del Paraguas (Zoo)
Parque de la Ciutadella

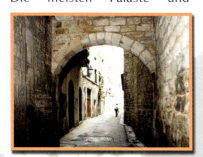

Barrio de Ribera

Vor der Straße *Princesa* gehen wir weiter nach links, bis wir auf der Straße *Via Laietana* sind, an welcher der **Bus Turístico** anhält.

Gehen wir Richtung *Plaça de la Catedral*, finden wir die Bushaltestelle "*Barri Gòtic*".

Reiseroute 4
El Barrio Gótico (Das gotische Viertel)

Diese vierte Reiseroute beginnt von der Bushaltestelle "*Barri Gòtic*" des **Bus Turístico**, die sich auf de *Plaça Antoni Maura* befindet. Durch *Avda. de la Catedral* begeben wir uns zur *Plaça Nova*. Auf diesem Platz befindet sich el **Colegio de Arquitectos** (Architektenschule) mit einigen Siebdrucken von Picasso auf ihrer Fassade (Seite 45). Auf der anderen Seite dieses Platzes stehen las Torres de la **Muralla Romana** (die Türme der römischen Mauer) und wenn man über die Straße *Carrer del Bisbe* (Seite 47) Richtung *Plaça de Sant Jaume* geht, findet man auf der rechten Seite el **Palau Episcopal** (Palast des Bischofs) und auf der linken la **Casa de l'Ardiaca** o de la Canonja. Das Gebäude hat seienen Ursprung im 12. Jahrhundert, wurde aber am Anfang des 16. Jahrhunderts umgebaut. Heutzutage hat dort el *Arxiu Històric de la Ciutat* (das historische Stadtarchiv) seinen Sitz, beachten sie den Marmorkasten

Briefkasten der Casa de l'Ardiaca

seiner Fassade - ein Werk von Doménech i Muntaner. Dem gegenüber steht die **Capella de Santa Llúcia**, zwischen 1257 und 1268 im romanischen Stil gebaut. Von hier aus kann man die Kreuzgänge, das Museum und den Inneren Teil der Kathedrale besichtigen.

La **Catedral de Barcelona** (die Kathedrale) (Seite 44) wurde auf der Basis einer alten römischen Kirche aus dem 11. Jahrhundert gebaut. Drei Kirchenschiffe und neunundzwanzig Seitenkapellen bilden ihren inneren Teil, in der Sakramentskapelle **Santíssim Sagrament** wird el **Cristo de Lepanto**, ein rauchgeschwärztes Kruzifix, verehrt. Auch la **Cripta de Santa Eulalia** und el **Cadirat del Cor** stechen hervor. Der Bau vom Kreuzgang mit den Zugängen von außen über die Straßen Calle del *Bisbe* und Calle de la *Pietat* wurde 1448 beendet. Man sagt, dass in seinem Inneren so viele Gänse wohnen, wie viele Martyrien Santa Eulalia, die Patronin der Stadt, erleidete.

Wir gehen weiter die Straße *Carrer de la Pietat* lang bis zu la **Casa dels Canonges**, einem gotischen Gebäude aus dem 16. Jahrundert, und über die Straße *Carrer Paradís* kommen wir an der *Plaça Sant Jaume* an, auf der wir die gegenüberstehenden el **Palau de la Generalitat** (Palast der katalanischen Regierung) und el **Ajuntament** (Rathaus) finden (Seiten 32 und 46).

El **Palau de la Generalitat** ist ein Gebäude im gotischen Stil aus

Kloster von Catedral

dem 15. Jahrhundert. Die authentische Fassade wurde 1416 auf der Seite von *Carrer del Bisbe* vom Architekten Marc Safont verwirklicht. Einige Jahre später baute man die Galerie und den Kreuzgang der Beletage. Marc Safont war auch derjenige, der zwischen 1432 und 1434 die *Capella de Sant Jordi* baute. Im 16. Jahrhundert wurden la *Cambra Daurada* (Antic Consistori) (die goldene Kammer), el *Pati dels Tarongers* und el *Saló Daurat* (Consistori Nou) gebaut.

El *Ajuntament* oder Casa de la Ciutat, hat eine gotische Fassade, die von Arnau Bargués zwischen 1399 und 1402 gebaut wurde und welche wir von der Straße Carrer Ciutat betrachten können. Die Fassade wurde verkürzt, als la Casa de la Ciutat erweitert wurde. Von ihrem Inneren stechen el *Saló de les Cròniques* mit Gemälden von Josep Maria Sert und el *Saló de Cent*, der von Pere Llobert 1369 geschaffen und 1373 vom König III eingeweiht wurde, als dieser seine erste Ratversammlung der "hundert Geschworenen" hielt (Seite 46).

Über die Straße *Carrer Hércules* nähern wir uns der *Plaça Sant Just*,

Casa de la Ciutat: gotische Fassade

auf der la *Iglesia de Sants Just i Pastor* steht, welche bis zum 15. Jahrhundert die Kirche der Könige war. Gehen wir weiter durch die Straße *Carrer Dagueria*, kommen wir an der *Plaça del Rei* an (Seite 45), einem Gelände, das von gotischen Gebäuden eingerahmt wird. Mit Nummer eins ist el *Palau Clariana-Padellàs* gekennzeichnet, in dem el *Museu d'Història de la Ciutat* (Museum der Stadtgeschichte) (Seite 55) seinen Sitz hat. Auf der linken Seite steht der *Palau de Lloctinent*, in dem der Archiv der Aragonischen Kröne aufbewahrt wird. Uns gegenüber

Palau de la Generalitat: Kreuzgang der Beletage

liegt der *Palau Reial Major*, welche die Residenz der Grafen von Barcelona und der Monarchen von Katalonien und Aragon war. Pere III, der Zeremonielle, hat den Bau des *Saló del Tinell*, des Werks von Guillem Carbonell, angeordnet. Dort fällt besonders der fünfstöckige Turm auf, der als el Mirador del Rey Martí bekannt ist.

Nachdem wir die *Plaça del Rei* verlassen haben, gehen wir über die Straße *Carrer dels Comtes* zum *Museum von Frederic Marès* (Seite 58) und von dort aus zu Pla de la Seu, wo wir auf der rechten Seite la *Casa de la Pia Almoina* o de la Canonja, den aktuellen Sitz vom *Museu Diocesà* sehen. Hinter diesem, angebaut an die Casa de la Pia Almoina, befindet sich die Torre de la *Muralla Romana* (der Turm der Römischen Mauer). Wenn wir die Mauer entlang durch die Straße *Carrer Tapineria* gehen, werden wir an der Plaça de Ramon Berenguer el Gran ankommen (Seite 45).

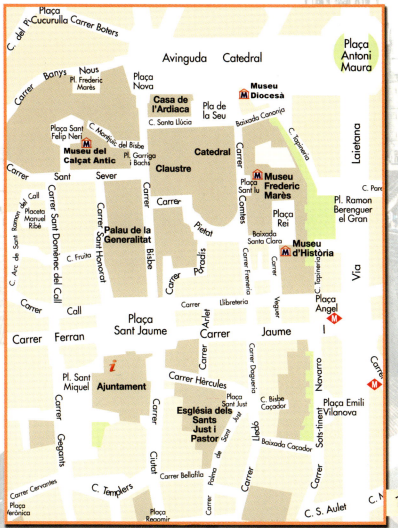

Barcelona aus der Höhe betrachtet

Wir werden nur eine kleine Übersicht der Orte machen, an denen wir den besten Blick auf Barcelona bekommen können. Wenn wir nichts mehr als eine schöne Ansicht genießen wollen, können wir zur beliebigen Zeit innerhalb der Öffnungsstunden hingehen. Wenn wir aber daran interessiert sind, ein paar schöne Aufnahmen zu machen, ist es wichtig, die dafür am meisten geeigneten Tag und Stunde auszuwählen: Wenn wir beispielsweise morgens den Berg Tibidabo aufsteigen, werden wir die Sonne im Gesicht haben und die Ansichten von Barcelona bei Gegenlicht bekommen. Es ist auch zu empfehlen, einen klaren und sonnigen Tag auszusuchen, um die Details besser einfangen zu können. Wenn wir es aber am bewölkten Tag machen, ist es möglich, dass wir gar nichts zu sehen bekommen.

Barcelona hat zwei Berge, von denen wir schöne Fotos machen können, den Berg *Montjuïc* und den *Tibidabo*. Der zweite ist höher bezüglich des Meeresspiegels, man kann dahin mit dem Auto, dem Bus oder der Seilbahn Funicular kommen. Diese sind die drei höchsten Punkte des Berges Tibidabo: LaTalaia (Wachturm) des Vergnügungsparks mit 551m über dem Meeresspiegel (Seite 41), der Telekommunikationsturm *Torre de Collserola* mit 560 m (Seite 11) und die Kirche el *Temple del Sagrat Cor* mit 575 m (Seite 41). Auf dem Montjuïc (Seite 47) hat man den Blick über das Meer und die Stadt. Auf der Seite von Miramar befindet sich die Drahtseilbahn *Transbordador Aeri*, die uns zu Barceloneta mit

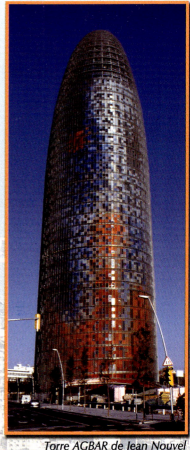

Torre AGBAR de Jean Nouvel
Plaça de les Glòries Catalanes

einem Zwischenhalt vor dem *World Trade Center* bringen kann. Da gibt es auch die Zahnradbahn *Teleférico de Montjuïc*, die einen zum *Castillo* (Burg) bringt.

Andere hohe Stellen der Stadt sind:

Monumento a Colón (Kolumbusdenkmal) (Seite 101), *Sagrada Familia* (Seite 27), das Dach der *Kathedrale* (Seite 44), das Dach von der *Casa Milà* (Seiten 25 und 75), das Dach des *Centro de Cultura Contemporània de Barcelona, CCCB* (Zentrum der Zeitgenössischen Kultur) (Seite 15).